単元指導計画＆
学習指導案で学ぶ

新版

教育実習の
よりよい
授業づくり

明星大学教職センター 編

学事出版

新 版 の 発 刊 に 寄 せ て

　「教育の明星大学」が社会に貢献する一つの形は、次世代の教育を担うことの
できる人材を輩出することです。今日、幸いにも明星大学には教育者になること
を希望する多くの学生が集い、毎年多くの教員を輩出する大学としての評価をい
ただいています。こうした成果を達成する上で、大きく寄与してきたのが、明星
大学教職センターが企画・編集した「教員を目指す君たちに受けさせたい」シリー
ズ3部作、『論作文講座—教育の見方・考え方が変わる』『面接試験対策講座—教
員になる覚悟を持つ』『学校とつながる教職教養—論作文・面接・場面指導対策
にも役立つトピック125』（いずれも、明星大学出版部刊）と本書『単元指導計
画&学習指導案で学ぶ　教育実習のよりよい授業づくり』（学事出版刊）の活用
です。これらの書籍は教員を希望して明星大学で学ぶ学生のための指針となるこ
とを企図したものでしたが、他の教員養成機関の教科書などにも採用されて現在
に至っています。

　初版巻頭の「はじめに」に篠山浩文・元教職センター長が記したように、初版
は4観点からの評価による前学習指導要領から、3観点に基づく現行学習指導要
領への移行期に上梓したものでした。この度の改訂の趣旨は現行の学習指導要領
に準拠し、初版以上に学修者の教育実習の実践に役立つことにあります。本書が
教員を志す多くの学生諸氏に有益な視座を提供することを編集者・著者一同願っ
ております。

　新版の出版に際しては、学事出版（株）の二井豪様、（株）コンテクストの佐
藤明彦様のご支援をいただきました。ここに記して感謝いたします。

2023年3月

明星大学副学長・明星大学教職センター長　冨樫　伸

Contents

Part *1*

教 育 実 習 の 基 礎 知 識

PART 1では「教育実習の基礎知識」として、教育実習の意義や目的、法的根拠、実習校が決定するまでの具体的な流れなどを解説していきます。

01 教育実習は 何のためにするのか

1 教育実習の目的

　「教育実習」は、教育職員免許状の授与を受けるために必要な単位の一つですが、どのような目的の下で実施されるのでしょうか。

　その目的には、教育に携わる者としての自覚や使命感を養うとともに、実践的指導力を身に付けることが挙げられます。また、自ら教員としての適性を見極めるということも内在しています。そして、教育実習を充実したものにするためには、各教科や特別の教科道徳、総合的な学習（高校は「探究」）の時間、特別活動、自立活動（特別支援学校）などを通じ、実践的指導力を真摯に学ぶ姿勢が求められます。

(1) 教職に対する職責を理解するとともに、使命感を養う

　一人一人の児童生徒との関わりを通じ、個性や成長に違いがあることを理解し、「子どもはかけがえのない存在である」という認識を持ってほしいと思います。また、児童生徒の人格形成に寄与するという職責の重さも、理解する必要があります。さらには、教育への情熱や前向きな姿勢などに代表される使命感を養うことも大切です。

(2) 教員として土台となる「実践的指導力」の必要性を学ぶ

　教育実習を通じて身に付けたい実践的指導力には、各教科等の「目標」や「内容」、具体的な「教材研究」、「指導技術」、さらには「学習評価に関する基礎的・基本的な事柄」などがあります。特に、各教科等の目標達成に向けた指導内容・方法の工夫や学習評価の実際などについては、学習指導案を作成する段階から研究を深め、検証授業を通じて実践的指導力を養うとともに、自らの課題を把握することが大切です。

(3) 自身の教員としての適性を見極める

　教育実習では、自らが学習指導や生徒指導などに携わるだけでなく、校長をはじめとする現職教員が日々繰り広げている教育活動にも、直接的に触れることとなります。こうした機会を通じ、教員として求められる資質や能力などについて考え、自身の教員としての適性を見極めることができます。

2 教育実習の意義

　教育実習の意義は、「学生が教育実習を行うことによって得られる多様な価値」と言い換えることができます。また、実習だけでなく、教育実習を受け入れる学校にとっても意義があるからこそ、多くの学校が実習生を受け入れているのです。

(1) 実習生の立場から見た意義

① 教職の魅力に触れる

　児童生徒が授業等を通じて成長していく姿を目の当たりにしたり、学校行事等で感動体験

を共有したり、日々の学校生活の中で「先生ありがとう」という一声をかけられたりすることで、教職の魅力や教職に携わる喜びなどを実感することができます。

② 今後取り組むべき課題が明らかになる

大学の教職課程で学んだ指導に関する理論や方法などを実際の学校現場において経験することで、自らが今後取り組むべき課題を明らかにすることができます。

(2) 受け入れ校の立場から見た意義

受け入れ校は、教育活動の活性化やさらなる充実という価値を教育実習に見出しています。

① 実習生への指導を通じ、教科指導のあり方を見直す

実習生への指導・助言を通じ、教員が自らの教科指導の考え方や具体的な指導内容・方法を見直す機会となります。

② 実習生への指導を通じ、学級経営のあり方を見直す

指導に携わる実習生の姿を見て、児童生徒理解の重要性を再認識し、学級経営の現状を初心に帰って見直す機会となります。

3 教育実習は誰のためのものか

教育実習を行うにあたり、実習生が何よりも忘れてはならないことがあります。それは、教育実習における教育活動を児童生徒の立場から見ると、実習生の「授業の練習の場」でもなければ、「指導の理論・方法を試す場」でもないということです。児童生徒にとって授業は、二度とないものであり、やり直しがきかない時間なのです。

実習生は、自分が指導に携わった時間は、児童生徒にとっては一度しかない時間であることを自覚し、教育実習中のいかなる行為や言動も意味あるものだと認識し、教職への自覚を持ってほしいと思います

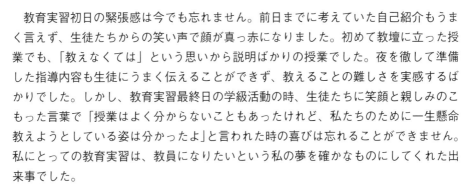

先輩のことばより

● **教育実習と「私の夢」** ●

教育実習初日の緊張感は今でも忘れません。前日までに考えていた自己紹介もうまく言えず、生徒たちからの笑い声で顔が真っ赤になりました。初めて教壇に立った授業でも、「教えなくては」という思いから説明ばかりの授業でした。夜を徹して準備した指導内容も生徒にうまく伝えることができず、教えることの難しさを実感するばかりでした。しかし、教育実習最終日の学級活動の時、生徒たちに笑顔と親しみのこもった言葉で「授業はよく分からないこともあったけれど、私たちのために一生懸命教えようとしている姿は分かったよ」と言われた時の喜びは忘れることができません。私にとっての教育実習は、教員になりたいという私の夢を確かなものにしてくれた出来事でした。

02 教育実習に関する法的根拠

1 教育実習に関する根拠法令

　教員免許状の取得を目指すにあたり、「教育実習」の法的根拠を理解しておくことは、教育実習の目的や意義への認識を深め、自覚や責任、心構えを整える上でも重要なことです。ここでは、教育実習に関する根拠法令などを解説していきます。

（1）教育職員免許法

　この法律は、教育職員の免許に関する基準を定め、教育職員の資質の保持と向上を図ることを目的とするものです。具体的には、教員免許の定義や種類、授与権者、有効期間などが規定されています。

　教員免許状には、「普通免許状」の他に、「特別免許状」や有効期限が3年の「臨時免許状」などがあります。「普通免許状」を授与されるためには、原則として大学の教職課程において「教科及び教科の指導法に関する科目」「教育の基礎的理解に関する科目」「道徳、総合的な学習の時間等の指導法及び生徒指導、教育相談等に関する科目」「教育実践に関する科目」「大学が独自に設定する科目」などの単位を修得する必要があります。このうち、教育実習は「教育実践に関する科目」に位置付けられています。

（2）教育職員免許法施行規則

　この省令は、教育職員免許法における単位の修得方法等を定めたもので、教育実習について言及している根拠法令となるものです。第2条から第7条において、幼稚園教諭、小学校教諭、中学校教諭、高等学校教諭、特別支援学校教諭の「普通免許状」（「専修免許状」「1種免許状」「2種免許状」）を授与する上で必要な単位数などが規定されています。この中で、教育実習においても、必要な単位数が示され、事前事後指導分あわせて幼稚園・小学校・中学校で5単位、高等学校で3単位となっており、一般的に幼稚園と小学校は4週間程度、中学校は3週間程度、高等学校、特別支援学校は2週間程度が、教育実習の期間となっています。

2 教育実習を行うにあたり理解しておきたい学校教育関連法規

　教育実習は、実習生であっても教育活動に直接携わることから、果たすべき職責は現職の教職員と何ら違いはありません。その意味で、教育基本法をはじめとする基本法令等を理解して臨むことが重要です。

（1）教育基本法

　教育基本法には、教育のあるべき姿や目指す理念が示されています。中でも第1条「教育の目的」や2006年12月の改正で新設された第2条「教育の目標」は、学校教育の根幹を支える重要な条文です。

（2）学校教育法

　この法律については、定められた校種ごとの「目的」、校長をはじめとする教職員の「職務内容」などについて、理解しておく必要があります。また、第30条2項に規定された「学力の3要素」は、学習指導要領が定める「資質・能力の三つの柱」の基となる概念でもあり、学習評価の観点にもなっているだけに、理解を深めてほしい内容です。さらに、第11条に規定された児童生徒への懲戒については、文部科学省の通知「体罰の禁止及び児童生徒理解に基づく指導の徹底について」（2013年3月）とともに、理解しておきたい内容です。（14ページ参照）

3　その他の関係法規

（1）地方公務員法（教員の服務規定）

　公立学校・園等で教育実習を行う際には、地方公務員の服務として規定されている「職務上の義務」や「身分上の義務」について、実習生としても守るべき根本規定として、確実に理解しておくことが必要です。

　具体的に、地方公務員法の以下の条文に理解を深めておく必要があります

> 第32条（法令等及び上司の職務上の命令に従う義務）／第33条（信用失墜行為の禁止）／第34条（秘密を守る義務）／第35条（職務に専念する義務）／第36条（政治的行為の制限）／第37条（争議行為等の禁止）／第38条（営利企業への従事等の制限）

　なお、私立学校・園等で教育実習を行う場合においても、服務規定は上記法令に準じている場合がほとんどなので、公立学校同様に理解しておくことが実習生の責務です。

（2）学習指導要領

　学習指導要領は、全国のどの地域で教育を受けても一定水準の教育を受けられるようにするために定められたもので、各学校が編成する教育課程の基となる大綱的な基準です。1958年8月の学校教育法施行規則の一部改正に伴い、教育課程の基準として文部大臣が告示するものであるとして、法的根拠が明らかになりました。

　2017年3月に公示された幼稚園教育要領、小・中学校学習指導要領、同年4月に公示された特別支援学校教育要領・学習指導要領、2018年3月に公示された高等学校学習指導要領では、子どもたちに知・徳・体の「生きる力」を育むため、全ての教科等において、身に付けさせたい資質・能力を「知識及び技能」「思考力、判断力、表現力等」「学びに向かう力、人間性等」の3つに整理しました。また、その実現のために「主体的・対話的で深い学び」による授業改善が求められています。

　学習指導案の作成にあたっては、各学校の指導方針や児童生徒の実態を踏まえ、単元の指導計画を立案し、本時の目標と指導内容・方法の工夫と学習評価の具体的な手立てを明確にした学習指導案を作成して、教科指導に取り組むことが大切です。

03 実習校は どのようにして決まるのか

　教育実習に行く時期は大学によって異なりますが、多くの大学では、最終学年である4年生の5・6月頃です。しかし、その準備は前年度から始まり、各種の手続きが必要となります。大学で行われるガイダンスやオリエンテーションに参加し、関係書類を期限までに提出するところから、実習生としての自覚が試されます。

1　教育実習をどこで行うか

　自ら教員としての適性を見極め、教職の魅力ややり甲斐を実感するためには、「どの学校で」「どの先生から指導を受け」「どのような児童生徒と出会うか」が、重要な意味を持ちます。

　実習校の決定方法はさまざまで、自身の出身校でできるケースもあれば、自治体によっては自分で実習校を選べないケースもあります。出身校で行う場合とそうでない場合のメリット等には、次のようなものがあります。

〈出身校で行う場合のメリット等〉
　自身が通っていた学校で実習を行う場合は、学校の雰囲気や児童生徒の様子を知っていたり、在学当時の恩師が在籍していたりすることから、親近感を持って教育実習に臨むことができます。一方で、在学していた頃の先入観を引きずったり、周囲の期待値が高かったりすることから、教育実習における評価の客観性を確保する上での課題も指摘されています。

〈出身校以外で行う場合のメリット等〉
　出身校以外で行う場合は、教員や児童生徒とは初めての出会いとなります。その意味で、新鮮な気持ちで自分らしさをストレートに表現することができます。何事にも前向きにチャレンジすることが大切です。

　いずれの場合も、教育実習が有意義なものになるか否かは、実習生次第です。教科指導や学級経営の職責を果たそうと懸命に努力すれば、誰もが応援の手を差し伸べてくれるでしょう。教育実習の目的・意義を理解し、持てる力を最大限に発揮してほしいと思います。

2　実習校を探す

　実習校は、取得を目指す免許状の校種ごとに決めます。また、教育実習の時期や日数等も、実習を行う校種によって異なることを理解しておきましょう。具体的な探し方としては、次のようなものがあります。

(1) 小学校・中学校

①　出身地域や出身校で行うケース

　地域によって出身校での実習を禁止している場合もあれば、卒業生のみを受け入れる学校もあります。各自で事前に確認しておきましょう。

② 大学で一括申請するケース

大学等によっては、周辺地域の自治体について、一括で申請するケースもあります。

（2）高等学校

① 出身校で行うケース

手続きの流れは大学・地域によって異なりますが、例えば東京都の公立学校は原則として、学生が実習校の内諾を得た後に、大学から一括申請します。

② 出身校以外で行うケース

地域によっては、出身校での教育実習を受け入れない場合があるので、学生自ら実習校を探さなければならないこともあります。そのような場合は、大学に相談してください。

（3）特別支援学校

大学が学生の実習先を割り当て、各地域の受け入れ状況等に応じて大学から申請を行うという流れが一般的です。

なお、自治体によっては、家族が在籍している学校での教育実習を原則認めない場合や自治体内にある大学からしか受け入れない場合もあります。大学で実施されるガイダンスや説明会には必ず出席して、手続きの遅れや不備がないようにしましょう。

一口メモ

● 教育実習の心得 ●

受け入れ校は、実習生が「教職に就く」という強い意志を持って臨むことを期待しています。教員免許状を取得するための「手段」として考えるだけではなく、このPARTで述べた目的や意義を理解し、感謝の気持ちを忘れてはいけません。「教育は人なり」という言葉があるように、実習生であっても児童生徒にとっては「先生」です。そのことを深く自覚して、実習に臨んでください。

━━ 押さえておきたい最重要法令 ━━

● 教育基本法

第1条 教育は、人格の完成を目指し、平和で民主的な国家及び社会の形成者として必要な資質を備えた心身ともに健康な国民の育成を期して行われなければならない。

第2条 教育は、その目的を実現するため、学問の自由を尊重しつつ、次に掲げる目標を達成するよう行われるものとする。（後略）

● 学校教育法

第30条2項 前項の場合においては、生涯にわたり学習する基盤が培われるよう、

基礎的な知識及び技能を習得させるとともに、これらを活用して課題を解決するために必要な思考力、判断力、表現力その他の能力をはぐくみ、主体的に学習に取り組む態度を養うことに、特に意を用いなければならない。

第11条 校長及び教員は、教育上必要があると認めるときは、文部科学大臣の認めるところにより、児童、生徒及び学生に懲戒を加えることができる。ただし、体罰を加えることはできない。

参考資料 教育職員免許法施行規則に定められた教職に関する科目

■ **教科及び教科の指導法に関する科目**

教科に関する専門的事項、各教科の指導法（情報通信技術の活用を含む。）を学ぶ科目

■ **教育の基礎的理解に関する科目**

教育の理念並びに教育に関する歴史及び思想、教職の意義及び教員の役割・職務内容(チーム学校運営への対応を含む。)、教育に関する社会的、制度的又は経営的事項(学校と地域との連携及び学校安全への対応を含む。)、幼児、児童及び生徒の心身の発達及び学習の過程、特別の支援を必要とする幼児、児童及び生徒に対する理解、教育課程の意義及び編成の方法（カリキュラム・マネジメントを含む。）を学ぶ科目

■ **道徳、総合的な学習の時間等の指導法及び生徒指導、教育相談等に関する科目**

道徳の理論及び指導法、総合的な学習の時間の指導法、特別活動の指導法、教育の方法及び技術、情報通信技術を活用した教育の理論及び方法、生徒指導の理論及び方法、進路指導及びキャリア教育の理論及び方法、教育相談（カウンセリングに関する基礎的な知識を含む。）の理論及び方法を学ぶ科目

■ **教育実践に関する科目**

教育実習、教職実践演習を学ぶ科目

■ **大学が独自に設定する科目**

Part 2

教 育 実 習 生 が 知 っ て お く べ き 今 ど き の 学 校 事 情

現在の学校は、実習生が通っていた時代の学校と、さまざまな点で違っています。また、「児童生徒」という立場で見る学校と、「教員」という立場で見る学校も、いろいろな点で違っています。PART2では、教育実習に参加するにあたり知っておくべき「今どきの学校事情」について解説していきます。

01 学校という職場・機関
―法的位置付け・教員の役職と校務分掌、学級編制基準など―

1 「1条学校」とは

　「1条学校」という言葉を聞いたことがあるでしょうか。例えば、実習生が教育実習に行く学校は「1条学校」ですが、インターナショナルスクールは「1条学校」ではありません。「1条学校」とは、学校教育法の第1条に定められた9種類の学校を指します。

> **学校教育法第1条**
> この法律で、学校とは、幼稚園、小学校、中学校、義務教育学校、高等学校、中等教育学校、特別支援学校、大学及び高等専門学校とする。

　この規定は、教育基本法第6条1項を受けて制定されています。

> **教育基本法第6条**
> 法律に定める学校は、公の性質を有するものであって、国、地方公共団体及び法律に定める法人のみが、これを設置することができる。（2項略）

　「1条学校」に該当しない教育機関としては専修学校、各種学校などがあります。外国人学校や民族学校は、各種学校として扱われます。なお、「1条学校」である高等専門学校と、そうではない専門学校（専修学校の専門課程）を混同しないよう注意が必要です。

2 教員の職

　学校に置かれる職員は、学校教育法によって次のように定められています。

> **学校教育法第37条**
> 小学校には、校長、教頭、教諭、養護教諭及び事務職員を置かなければならない。
> ②　小学校には、前項に規定するもののほか、副校長、主幹教諭、指導教諭、栄養教諭その他必要な職員を置くことができる。（③〜⑲項略）

　校長は学校全体で行う教育活動を管理し、所属職員の監督も行います。
　この中で、教育実習生は第11項の教諭「児童（生徒）の教育をつかさどる」役割が求められます。「教育をつかさどる」とは、学習指導も生徒指導（生活指導）もすべて包括した教育活動を指します。その範囲は広く、責任は重いと認識しましょう。

3 学校ごとに違う校務分掌

　校長は調和のとれた学校運営を行うために校務分掌の仕組みを整えています（学校教育法施行規則第43条）。

　校務分掌の仕組みは学校ごとに違いますが、大きく「教務部」「生徒指導部（生活指導部）」「学年」「進路指導部」「保健部」に分かれるのが一般的です。教員は全員、どこかに所属します。また、これとは別に「研修委員会」「体育的行事委員会」「文化的行事委員会」「旅行的行事委員会」などを設けている学校があり、教員は先の分掌とは別に割り振られます。したがって、職務は二重になり、小規模校になるとさらに一人一人の責任・負担は増えることになります。

　実習校で分掌組織の図を見て、職務がどのように分担され、学校が運営されているかを理解するようにしましょう。

4 実習校で学ぶ教育法規

　学校は法規の下に成り立っています。教育実習では、教育法規がどのように具現化されているかを見て、大学等で学んだ知識を整理しましょう。

(1) 学級あたりの児童生徒数
■ 公立義務教育諸学校の学級編制及び教職員定数の標準に関する法律（第3条より）

学級編制の区分	1学級の児童生徒数	
	小学校	中学校
同学年の児童生徒で編制する学級	35人 （2021年度2年生から学年進行で実施。2025年度6年生で完了）	40人
2の学年の児童生徒で編制する学級	16人 （第1学年の児童を含む学級は8人）	8人
特別支援学級	8人	8人

(2) 教職員の職務

　各教職員の職務については、学校教育法において次のように規定されています。

【学校教育法第37条第4・5・7・9〜14項】
④　校長は、校務をつかさどり、所属職員を監督する。
⑤　副校長は、校長を助け、命を受けて校務をつかさどる。
⑦　教頭は、校長（副校長を置く小学校にあつては、校長及び副校長）を助け、校務を整理し、及び必要に応じ児童の教育をつかさどる。
⑨　主幹教諭は、校長（副校長を置く小学校にあつては、校長及び副校長）及び教頭を助け、命を受けて校務の一部を整理し、並びに児童の教育をつかさどる。
⑩　指導教諭は、児童の教育をつかさどり、並びに教諭その他の職員に対して、教育指導の改善及び充実のために必要な指導及び助言を行う。
⑪　教諭は、児童の教育をつかさどる。
⑫　養護教諭は、児童の養護をつかさどる。
⑬　栄養教諭は、児童の栄養の指導及び管理をつかさどる。
⑭　事務職員は、事務をつかさどる。

---

02 学校の1年と教育実習
―行事と年間の教育課程―

1 教育課程の編成

　教育課程とは、学校の教育目標を実現するために教育内容や諸条件の関連において総合的に組織した学校の教育計画です。

　教育課程の編成は校長が責任者となって、全教職員の協力の下で行われるものです。学校の特色を生かし、その学校の教育目標を達成するために全教職員の英知を校長がまとめ、編成するものです。学習指導要領においても、「創意工夫を生かした特色ある教育活動を展開する」ことが示され、教育課程編成における学校の主体性が強調されています。

　それぞれの学校が教育課程を編成しているので、実習校に赴いたときには必ず教育課程（教育計画）を確認させてもらいましょう。

2 教育実習の時期

　教育実習期間は、年間計画に基づき、学校全体が児童生徒の育成を進めている最中に当たります。指導教官には、教科の指導方針や学級の経営方針に基づき、児童生徒を指導してきた経過があります。予想通りに成果を上げている場合もあれば、指導の成果が出ずに悩んでいる場合もあります。そんな最中に、実習生は教育現場に立つのです。

　その意味でも、指導教官が作った教科の年間指導計画、学級経営案に基づき、年間の指導計画の中に自身の授業や学級経営が位置付けられていることを自覚しましょう。

【教科の年間指導計画に書かれている内容】
単元の指導時期／学習内容／評価規準／評価方法／指導の工夫　など

【学級経営案に書かれている内容】
学級目標／児童生徒の実態／配慮を要する児童生徒の状況／学級担任の願い／学級経営の方針／目指す児童生徒像／育成の具体策　など

---

3 成長する児童生徒を観察する

　教師は授業で児童生徒の資質や能力を育成します。また、特別活動の中の学校行事では、児童生徒をダイナミックに活動させて成長を図ります。「子どもは行事で成長する」とも言われるように、行事は児童生徒が大きく成長する契機です。実習期間中に行事がある場合、進んで児童生徒に関われば、授業中には見ることができないような児童生徒の多様な姿や個性を知ることができます。時に児童生徒が指導教官に見せない一面を実習生に見せることもあります。そうした様子を指導教官と情報共有できれば、実習生が学校に入る意義も大きくなります。

4 実習期間中の行事

　教育実習が行われる上半期を中心に、小中学校の年間予定を概観すると次のようになります。

■ 小中学校の主な年間予定（上半期）

4月	始業式　着任式	8月	始業式（下旬）
	入学式	9月	防災訓練
	新入生・在校生の対面式		研修会
	保護者会		児童会・生徒会選挙
	全国学力・学習状況調査		道徳授業地区公開講座
	職員研修会		校外学習
	教員自己申告書の作成・提出		職場体験（中）
	全校朝会（月2回程度実施）		修学旅行（中）
	離任式		自己申告面談
	避難訓練（毎月実施）		音楽鑑賞教室
	安全指導（毎月実施）	10月	中間考査（中）
5月	児童会総会・生徒会総会		進路説明会（中）
	学校公開		地区合同陸上競技大会
	学校説明会		児童会総会・生徒会総会
	校外学習		周年行事
	PTA総会		生活科見学（小）
	教育実習		三者面談
	中間考査（中）		文化祭・合唱コンクール
	教員自己申告面談		地域行事
	学校運営協議会		
6月	運動会（体育大会）	※（小）とあるのは小学校のみ	
	地域行事	※（中）とあるのは中学校のみ	
	三者面談（中）	※離任式の時期は、地域によって異なる	
	薬物乱用防止教室	※運動会（体育大会）の開催時期は、秋の地域もある	
	移動教室	※文化祭・体育祭を隔年で実施してる学校もある。	
	教育研究会総会		
	授業観察		
	伝統芸能教室		
	プール開き		
	他校種交流会		
	期末考査（中）		
	定期健康診断		

　前期も後期も学校行事が多く、教員は大変忙しい毎日を送っています。そうした中で、質の高い授業を行うために、授業準備もしっかり行わなければならない状況があります。

　学校だけでなく、どの職種でも「働き方改革」が叫ばれていますが、学校の教員がどのように仕事とプライベートのバランスをとっているのか、教育実習では教員の働き方を観察することも大切なことの一つです。

03 今どきの学校が抱える課題❶ 学習指導編
―知識・技能の活用力・AI時代の到来―

1 育成を目指す資質・能力の三つの柱

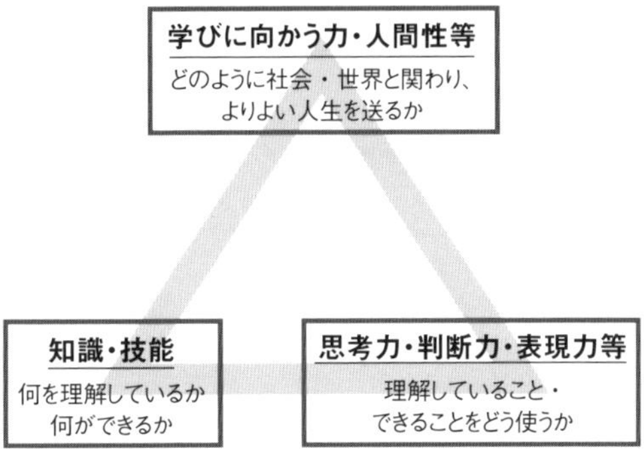

　右の図は、2017年3月に公示された学習指導要領の「育成を目指す資質・能力」を説明するものです。

　これと似たものとして学力の3要素があり、こちらは「知識・技能」「思考力・判断力・表現力」「主体的に学習に取り組む態度」となります（学校教育法第30条第2項）。右の図の「学びに向かう力・人間性等」が「主体的に学習に取り組む態度」となっている点に注意してください。感性や思いやりといった人間性は、「A・B・C」や「5・4・3・2・1」などの数値では評価できないからです。

```
            学びに向かう力・人間性等
            どのように社会・世界と関わり、
            よりよい人生を送るか

  知識・技能              思考力・判断力・表現力等
  何を理解しているか        理解していること・
  何ができるか            できることをどう使うか
```

2 「知識・技能」と「思考力・判断力・表現力」ではどちらが大事か

　「知識・技能」と「思考力・判断力・表現力」のどちらが大事かという問いに、すぐさま「それは愚問です」と答えられるならば立派です。どちらも同じくらい重要と言えます。

　学習指導要領に書かれている「主体的・対話的で深い学び」を実現しなければと焦るあまり、考える場面や話し合う場面をたくさん取り入れようとして「知識・技能」の学習を疎かにしているような授業が見られます。浅くて不十分な知識を基に考えても、生み出される結果は良いものにはなりません。

　「知識・技能」と「思考力・判断力・表現力」は学力の3要素の中でも、学習指導の基礎を成す要素だと考える必要があります。まず、「知識・技能」をしっかり教え、次にそれらを活用して思考し、判断し、表現する場をつくることが大切です。上の図で言えば、「知識・技能」から「思考力・判断力・表現力」に、右方向に進む学習です。

　この時、教師は児童生徒の「思考・判断・表現」を褒めて終わりにしてはいけません。児童生徒がたどり着いた結果に対し、新たな学習につながる芽はないか、あるいはたどり着いた結果に問題はないかを見抜くことが大切です。児童生徒が、教師よりも先にそのことに気づければなおよいでしょう。児童生徒が気づかないならば教師が指摘するわけですが、その際に気づきの基準になるのは、各教科に固有の「見方・考え方」です。

3 「見方・考え方」とは何か

　思考・判断・表現した結果が発展する余地を残していたり、矛盾をはらんでいたりした際に、児童生徒が主体的に「もっと調べたい」と思うような、あるいは新しい視点から理解を深める

ようなアドバイスが必要です。できれば、児童生徒が自らそうした視点を持てるようにしたいところです。その結果、前ページの図の「思考力・判断力・表現力等」から「知識・技能」に、左方向へと進む学習が実現します。そして、図の右方向と左方向を往復する学習が「深い学び」なのです。学習指導要領の解説は「見方・考え方」について次のように述べています。

> **学習指導要領解説　第1章総説　1　改訂の経緯及び基本方針**
> 　各教科等の「見方・考え方」は、「どのような視点で物事を捉え、どのような考え方で思考していくのか」というその教科等ならではの物事を捉える視点や考え方である。各教科等を学ぶ本質的な意義の中核をなすものであり、教科等の学習と社会をつなぐものであることから、児童生徒が学習や人生において「見方・考え方」を自在に働かせることができるようにすることにこそ、教師の専門性が発揮されることが求められること。

4 「深い学び」の捉え方

　ここまで、「深い学び」を「知識・技能」と「思考力・判断力・表現力」との間を往復する学習であると説明してきました。「深い学び」はさらに別の言い方で説明することもできます。キーワードは「結び付ける」「つなぐ」です。既習事項と新規に学んだことを結び付けて解釈し直すこと、これまでの経験と新規に学んだ知識をつないで理解することなど、点として存在していた知識、経験、技能、意欲などを結び付けて構造化することが「深い学び」であると説明することもできます。「深い学び」の方法を工夫し、授業で実践するのが教師の役割です。

5 AI時代の到来と教育

　AIは人口知能のことです。技術開発の速度は目覚ましく、AIはいつか人類の知性を超えてしまうという説があります。さらに、その時点をシンギュラリティ（技術的特異点）と名付け、2045年頃だろうと予測する学者がいます。そんなことは起こらないという批判もありますが、予測が当たるとすれば、2045年は今の大学生が現役教師として働いている間のことになります。

　現時点においても、既に子どもが自学自習できるソフトが開発されています。子どもの学習上の弱点を発見するソフトもあります。シンギュラリティに到達すると「教師は不要」の時代になるのでしょうか。いいえ、そうではなく、「教師はIT機器やAI技術を活用しながら教育を進めていく」時代になると考えられます。児童生徒に学ぶ意欲をかきたてる役割や、集団で学びを深めていくための企画・運営の役割、児童生徒の心に寄り添った応援者としての役割などは、子どもたちの傍にいて教育的愛情を持つ教師にしかできないことでしょう。

　一方、AI時代を生きる子どもたちに必要な教育とは何でしょうか。変化する社会に対応できるICT技術の習得ということがまず挙げられます。しかし、技術の問題に留まってはなりません。変化する社会だからこそ、より良い社会、より良い人の生き方について考えられる人材を育てることが教育の目標になるはずです。それがAI時代に求められる教師の役割です。教師自身の社会を見る目や生き方が、いっそう強く問われる時代になってきます。

04 今どきの学校が抱える課題❷ 生活指導編
―いじめ、不登校―

1 いじめは人権侵害　絶対に許さない決意を

教員採用試験の面接試験では、場面指導がよく問われます。そこで必ずと言っていいほど出題されるのが、いじめへの対応です。「児童生徒からいじめの訴えがあった」「保護者からうちの子がいじめられていると電話がかかってきた」といった場合に、どう対応するかといった質問です。

なぜ、いじめの場面指導が問われるのでしょうか。それは、現場で日常的に起こりうる問題だからです。

■ いじめ認知件数の推移

教育実習では、いじめをはじめとする児童生徒間のトラブルを現場の教師がどのように解決しているのか、必ず学んでおく必要があります。自分が児童生徒だった頃にはわからなかったことを指導する側の立場でしっかりと理解するのです。

上のグラフは文部科学省が毎年度実施している全国調査「児童生徒の問題行動・不登校等生徒指導上の諸課題に関する調査」のいじめの認知件数の推移を表しています。2020年度はコロナ禍の休校もあり7年ぶりに減少しましたが、2021年度は全校種計61万5,351件の認知件数で調査以来最多となりました。

では、実際にいじめが急増しているかといえば、そうではありません。このデータは、学校がいじめだと「認知した件数」が増えたということであり、それまで見過ごしていたレベルの問題をいじめだと認知するようになったということです。

2013年に施行された「いじめ防止対策推進法」を受けて文部科学大臣が定めた「いじめ防止基本方針」では、いじめ対策として「いじめの未然防止」「早期発見」「いじめに対する措置」の三つの視点が示されています。最も大切なのは「いじめの未然防止」であり、そのためには自己肯定感や自尊感情を高める指導（「居場所づくり」と「きずなづくり」）が大切です。「居場所づくり」とは児童生徒が、自己肯定感をもてる場所を教員がつくり出すこと、「きずなづくり」とは主体的に取り組む協働的な活動を通して、児童生徒自身が心の結び付きや信頼感を深め、自尊感情を高めていくことです。また、「未然防止」には児童会活動・生徒会活動等を充実させ、「自分たちの学校を自分たちの手で良くしよう」という学校風土を構築することが大切です。全国では、例えば中学校生徒会が「君を守り隊」「スクールバディいじめゼロチーム」「いじめ0活動」「ホワイトリボン運動」「グリーンリボン活動」など様々な取組を行っています。文部科学省「令和

3年度児童生徒の問題行動・不登校等生徒指導上の諸課題に関する調査結果」によると、いじめの態様では「冷やかしやからかい、悪口や脅し文句、嫌なことを言われる」が最も多いのです。教師はこのようなことにも敏感になり、事実関係を把握し、速やかに被害児童生徒の救済にあたる必要があります。教員はもちろん教育実習生も、「いじめは人権侵害であり絶対許さない」という態度で臨まなければいけません。

2 不登校 「がんばろう」ではなく「無理をしないでね」の言葉を

文部科学省の調査では、不登校を次のように定義しています。

> 年間30日以上欠席した児童生徒のうち、何らかの心理的、情緒的、身体的、あるいは社会的要因・背景により、児童生徒が登校しないあるいはしたくともできない状況にある者（ただし、「病気」や「経済的理由」による者を除く）。

2021年度における不登校児童生徒数は右表のとおりです。中学校では20人に1人の割合で不登校の生徒がいる計算になります。

不登校の原因は、文部科学省「令和3年度児童生徒の問題行動・不登校等

■ 不登校児童生徒数（2021年度）

	不登校児童生徒数	1000人当たりの人数
小学校	8万1,498人	13.0人
中学校	16万3,442人	50.0人
高等学校	5万985人	16.9人

生徒指導上の諸課題に関する調査結果」によると、「無気力、不安」と本人に係る状況が最多です（小学校49.7%　中学校49.7%）。

それだけに、不登校への対応は単純に登校を促せばよいわけではありません。2016年にいわゆる「教育機会確保法」が成立しました。これはフリースクール、教育委員会教育支援センター、不登校特例校など学校外の教育機会を確保することを国や自治体の責務とした法律で、多様で適切な学習活動の重要性を示したものです。さらに、2019年に文部科学省は「不登校児童生徒への支援の在り方について」の通知を出しています。支援に対する基本的な考え方として、「『学校に登校する』という結果のみを目標にするのではなく、児童生徒が自らの進路を主体的に捉えて、社会的に自立することを目指す必要があること」「児童生徒によっては、不登校の時期が休養や自分を見つめ直す等の積極的な意味をもつことがあること」を述べています。このことを踏まえて、学級担任は、児童生徒の社会的な自立を視野に入れながら支援を考える必要があります。何よりも、不登校児童生徒の才能や能力に応じて、可能性を伸ばせるよう、様々な関係機関と連携することが大切です。子どもは自分の中のエネルギーを充電させ、自ら動きだすときが来ます。そのことを信じて、粘り強く関わっていくことが大切です。さて、不登校を生まない学級づくりのキーワードは何でしょうか。子どもたちを無気力にさせないために、いじめの未然防止と同じく、学級の「居場所づくり」と「きずなづくり」です。

05 今どきの学校が抱える課題❸ 多様性への対応
―多国籍化、特別支援教育―

1 公立学校に通う「日本語指導が必要な子ども」は約6万人

　日本の公立小学校、中学校、高等学校、義務教育学校、中等教育学校、特別支援学校で、「日本語指導が必要な児童生徒」は2021年5月現在、5万8307人に上ります（文部科学省調査）。この数字は年々増加しており、じきに6万人を超える見込みです。「日本語指導が必要な児童生徒」とは、①日本語で日常会話が十分にできない、②日常会話はできても、学年相当の学習言語が不足し、学習活動への参加に支障が生じている、のうちのどちらかの理由により、日本語指導が必要な児童生徒を指します。

　国際化が進む現在、日本で生活する在留外国人は2021年末時点で276万人います（2019年末には293万人でしたが、コロナ禍の影響で減少）。外国人に対しては、日本国憲法と教育基本法が規定する「保護する子女に普通教育を受けさせる義務」は適用されないので、子どもは必ずしも学校に通う必要がありません。しかし、国際人権規約等の規定に基づいて、公立小中学校では、入学を希望する外国人の子どもを無償で受け入れ、教育を受ける権利を保障しているのです。

　ここで、注意しなければならないのは、日本語指導が必要な児童生徒は外国籍とは限らないという点です。海外から帰国した子どもや国際結婚家庭の子どもたちの中には、日本国籍でありながら日本語指導を必要とする子どももいます。先に挙げた約6万人の中には、そうした子どもの数も含まれています。

　日本語指導が必要な児童生徒数の推移は、右の図の通りです。指導が必要な児童生徒の母語は、多い順にポルトガル語、中国語、フィリピノ語、スペイン語、ベトナム語、英語、韓国・朝鮮語です。都道府県別に見ると、最も多いのが愛知県、次いで神奈川県、以下、静岡県、東京都、大阪府と続いています（外国籍、日本国籍の合計）。

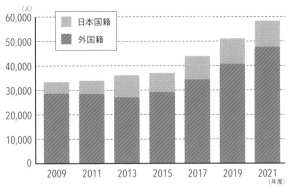

■ 日本語指導が必要な児童生徒数の推移

文部科学省「日本語指導が必要な児童生徒の受入状況等に関する調査」（令和3年度）より作成

2 日本語教育の現状と日本語教育推進法の成立

　日本語指導が必要な児童生徒は学校にいたとしても、1人か2人のことが多く、少人数であるだけに指導できる体制がありません。児童生徒の母語が話せる支援員を教育委員会が雇い、学校に派遣する地区もありますが、適任の人材が見つからず、担当教員を配置できないことを理由に特別な配慮に基づく指導をしなかった（できなかった）学校も多かったのです。

こうした状況に鑑み、2019年に日本に住む外国人等への日本語教育の充実を目的として、日本語教育推進法が制定されました。さらに、2020年には日本語教育の推進に関する基本方針が閣議決定されています。具体的な施策として、日本語指導に必要な教員定数の改善、日本語指導補助者や母語支援員の養成・活用、多言語翻訳システム等のICTを活用した支援、中学校・高等学校での進路指導の充実、就学状況の把握や就学機会の確保などが挙げられました。日本語指導の充実は国及び地方公共団体の責務とされたのです。

3 特別支援教育の基本理念を理解する

2007年に学校教育法が改正され、盲学校、聾学校、養護学校は「特別支援学校」に、特殊学級は「特別支援学級」に改称されました。「特別支援教育」は、これまでの特殊教育の対象の障害だけでなく、LD、ADHD、LSD等の児童生徒の自立や社会参加に向けて、適切な指導・支援を行うものです。通常の学級に在籍するこれらの発達障害のある子どもたちは、障害に対する無理解や誤った指導のために、いじめの対象となったり不適応を起こしたり、不登校になったりしてきました。高校でも発達障害のある生徒への通級学級設置が始まっています。教育実習では、そうした現場の努力をぜひ見てきてほしいと思います。

特別支援教育は、文部科学省によって次のように定義されています。

> 障害のある幼児児童生徒の自立や社会参加に向けた主体的な取組を支援するという視点に立ち、幼児児童生徒一人一人の教育的ニーズを把握し、その持てる力を高め、生活や学習上の困難を改善又は克服するため、適切な指導及び必要な支援を行うもの。

4 教育実習生が知っておくべき基本用語

(1) インクルーシブ教育

インクルーシブ(inclusive)とは「包括する」「包容する」という意味です。したがって、インクルーシブ教育とは、障害のある者が教育制度から排除(exclusive)されずに、障害のない者と共に学ぶ仕組みのことを指します。学校の設置者と学校は、障害のある子どもが他の子どもと平等に「教育を受ける権利」を行使できるように、制度や環境に対して「必要かつ適当な変更・調整」を行う必要があります。これを「合理的配慮」と言いますが、学校の設置者と学校に対して、均衡を失した又は過度な負担は課さないとされています(障害者の権利に関する条約第2条)。

(2) バリアフリー

障害によりもたらされるバリア(障壁)に対処するという考え方のことです。

(3) ユニバーサルデザイン

障害の有無、年齢、性別、人種等にかかわらず多様な人々が利用しやすいよう都市や生活環境をあらかじめデザインする考え方のことです。授業で板書する際に色覚障害がある児童生徒のことを考えてチョークの色使いを考える、聴覚障害のある児童生徒がいることを考えてゆっくり大きな声で話すなどは、教育実習生が行う基本的なユニバーサルデザイン授業実践です。

06 中央教育審議会と学習指導要領
―改訂のポイント―

1 学習指導要領とは何か

　学習指導要領とは「全国の教育水準を一定に維持するために文部科学省が定めた、各学校が教育課程（カリキュラム）を編成する際の基準」のことです。各学校は、学校教育法施行規則で定められた年間の標準授業時数に基づき、学習指導要領に示された教科等の目標や内容を実現するために教育課程（カリキュラム）を編成します。教員は学習指導要領に示された内容を知らなければ教育活動ができません。

2 学習指導要領が実施されるまでの流れ

　学習指導要領は中央教育審議会と密接な関係を持っています。まず、文部科学大臣が中央教育審議会に対して、諮問（意見を尋ね求めること）をします。審議会の委員は大学教授や教育長、現役の学校長などの教育関係者のほか、経済界の人たちなどで構成されています。ここでの議論を経て、中央教育審議会が文部科学大臣に対して意見を答申（申し述べること）します。この答申を受けて作成されるのが学習指導要領で、文部科学大臣告示の形で公示されます。

　現行の学習指導要領が実施されるまでの流れは、以下の通りです。

```
2014年11月　文部科学大臣が中央教育審議会に諮問
2016年12月　中央教育審議会答申
2017年 3月　小学校・中学校学習指導要領が公示
2017年 4月　特別支援学校小中学部学習指導要領が公示
2018年 3月　高等学校学習指導要領が公示
2018年 4月　小中学校で移行措置開始
2020年 4月　小学校で全面実施
2021年 4月　中学校で全面実施
2022年 4月　高等学校で新入生から順次実施
```

3 改訂における4つのポイント

（1）社会に開かれた教育課程

　よりよい教育課程を通じてよりよい社会を作るという目標を学校と社会とが共有し、それぞれの学校において、必要な教育内容を明確にしながら、社会との連携・協働によってそのような学校教育の実現を図ることを目指すもので、改訂の基盤となる考え方です。

(2) 育成を目指す資質・能力

育成を目指す資質・能力を明確化し、実際の社会や生活で生きて働く「知識及び技能」、未知の状況にも対応できる「思考力、判断力、表現力等」、学んだことを人生や社会に生かそうとする「学びに向かう力、人間性等」の三つの柱に整理されました。また、全ての教科等の目標及び内容についても、この三つの柱に基づいて再整理されました。

(3) カリキュラム・マネジメント

子どもたちの姿や地域の実情等を踏まえて、各学校が設置する学校教育目標を実現するために、教育課程が確実に行われているか管理することが求められます。教育課程（カリキュラム）を編成・実施したら、必ず評価・改善を行い、教育の質を向上させていくことが求められています。例えば、複数の教科等の連携を図りながら授業をつくる等、教育力向上の視点から教育課程を見直すことがカリキュラム・マネジメントです。

(4)「主体的・対話的で深い学び」の視点からの授業改善

中央教育審議会では、大学の授業を改善する議論の中で、「アクティブラーニング」という概念を示しました。その考え方は、学習指導要領では、「主体的・対話的で深い学び」という表現に変わりました。目標達成の見通しを持ち、粘り強く取り組むとともに、周りの人たちと共に考え、学び、新しい発見や豊かな発想が生まれる授業から、自分の学びを振り返り、次の学びや生活に生かす力を育む授業づくりを目指すことを言います。ただし、アクティブ＝活動という発想だけにとらわれないように注意が必要です。たとえ能動的に話し合っていても、学ぶべきねらいからはずれた話し合いからは、何も学べません。

4 これまでの「道徳の時間」と「特別の教科 道徳」では何が変わったのか

これまでの「道徳の時間」は、教科ではありませんでした。それが、2015年の学習指導要領一部改正により「特別の教科　道徳」（道徳科）となり、検定教科書が導入され、評価も行われることとなりました。小学校では2018年4月、中学校では2019年4月から実施されています。

道徳教育は、学校の教育活動全体を通じて行われるもので、道徳科はその「要」の役割を担います。そうした基本構造は、「道徳の時間」の頃から変わりません。

道徳の教科化の背景には、いじめ問題の深刻化があります。これまでは、読み物から主人公の心情を読み取るなどの授業が主流でしたが、今後は現実場面を想定して、児童生徒が「何をするか」を判断し、実践しようとする力を育む授業に転換していかなければなりません。

道徳科のキーワードは「考え、議論する道徳」と「問題解決学習と体験学習」です。社会で起きている問題を自分自身の問題ととらえ、悩みながら解決に向けて考える授業が求められます。教師が価値観を押し付けるのではなく、さまざまな考えを認めながら授業を展開することが大切です。間違っても、教科書を使って価値観を押し付けるような授業に陥ってはなりません。

07 教師に求められる資質能力
―普遍的に求められる資質能力と新しい時代に即した資質能力―

1 地方自治体が求める教師の資質能力

地方自治体は「求める教師像」あるいは「求める教員像」を策定しています。東京都と千葉県・千葉市を見てみましょう。どちらにも、学校現場で求められる資質能力が書かれています。

東京都の教育に求められる教師像
1 教育に対する熱意と使命感をもつ教師
2 豊かな人間性と思いやりのある教師
3 子供の良さや可能性を引き出し伸ばすことができる教師
4 組織人としての責任感、協調性を有し、互いに高め合う教師
(「東京都教員人材育成基本方針」平成27（2015）年2月改訂版)

千葉県・千葉市が求める教員像
○ 人間性豊かで、教育愛と使命感に満ちた教員
○ 高い倫理観をもち、心身ともに健康で、明朗、快活な教員
○ 幅広い教養と学習指導の専門性を身に付けた教員
○ 幼児児童生徒の成長と発達を理解し、悩みや思いを受け止め、支援できる教員
○ 組織の一員としての責任感と協調性をもち、互いに高め合う教員
(「千葉県・千葉市公立学校教員採用候補者選考案内」令和4（2022）年)

「資質」という言葉には「うまれつきの性質や才能、資性、天性」（『広辞苑』）という意味があるため、「持って生まれたものは変えようがないのではないか」という疑問を持つ人もいるでしょう。この疑問に対して、1997年7月の教育職員養成審議会の第一次答申は次のように述べています。

教員の資質能力とは、一般に、「専門的職業である『教職』に対する愛着、誇り、一体感に支えられた知識、技能等の総体」といった意味内容を有するもので、「素質」とは区別され後天的に形成可能なものと解される。

こうした考えに立って、私たちは自らの資質と能力を高める必要があります。

2 不易とされてきた資質能力と新たに求められる資質能力

2015年12月の中央教育審議会答申「これからの学校教育を担う教員の資質能力の向上について」は、「これまで教員として不易とされてきた資質能力」を次のように書きました。「不易」とは変わらないという意味であり、今後も引き続き教員に求められるものです。

○使命感や責任感、教育的愛情、教科や教職に関する専門的知識、実践的指導力、総合的人間力、
　コミュニケーション能力等

　ここに書かれている内容は、先に見た、地方自治体が求める教師の資質能力そのものと言えます。さらに同答申は、学び続ける教員であるために、また、教員自身が時代や社会、環境の変化を的確につかみ取り、その時々の状況に応じた適切な学びを提供するためには、**新たに求められる資質能力**があるとして、次のものを挙げています。

○自律的に学ぶ姿勢を持ち、時代の変化や自らのキャリアステージに応じて求められる資質
　能力を生涯にわたって高めていくことのできる力
○情報を適切に収集し、選択し、活用する能力や知識を有機的に結び付け構造化する力
○アクティブ・ラーニングの視点からの授業改善、道徳教育の充実、小学校における外国語
　教育の早期化・教科化、ICTの活用、発達障害を含む特別な支援を必要とする児童生徒等
　への対応などの新たな課題に対応できる力量
○「チーム学校」の考えの下、多様な専門性を持つ人材と効果的に連携・分担し、組織的・
　協働的に諸課題の解決に取り組む力

　多岐にわたっているので、その内容の多さに圧倒されるかもしれません。しかし、現時点でこれらの資質能力を持ち合わせていないからといって、悲観する必要はありません。資質能力には大学段階で養成すべきものと、教師に採用された後に研修によって高めていくものの二種類があります。教職に就いたら、研究と修養によって資質能力を開発していきます。学び、成長し続けるのが教師です。教師になる前から自らの未熟を自覚し、読書を重ねましょう。教育実習には、さらに体験して必ず学び取るという覚悟を持って臨みましょう。

3　資質能力の整理 （中央教育審議会「令和の日本型学校教育」の検討を基に）

　前項の、不易とされてきた資質能力と新たに求められる資質能力をよく見ると、内容の重複に気づきます。例えば、不易とされた「コミュニケーション能力」は、新たに求められる資質能力のうちの「組織的・協働的に諸課題の解決に取り組む力」と重なっています。教師に求められる資質能力が羅列的に追加されてきたために、言葉とイメージが膨らんでしまった感があります。求められる資質能力の中心は①**学習指導力**と②**生徒指導力**です。

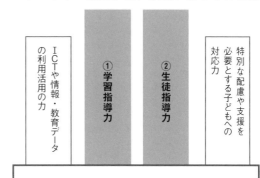

ICTや情報・教育データの利用活用の力

①学習指導力

②生徒指導力

特別な配慮や支援を必要とする子どもへの対応力

土台となる人間性
使命感、責任感、人権意識、教育的愛情、倫理観

08 押さえておきたい「教員育成指標」

　2018年度以降、教員採用試験を受験する上でも、教員として就業する上でも、求められる資質能力について示した内容が「教員育成指標」です。具体的には、2016年11月28日に、教育公務員特例法の一部が改正され、各自治体が教員の資質能力向上のため、養成・採用・研修についての指標を策定し、実施していくことになりました。また、指標は各自治体の協議会で協議し、策定することになりました。

　教育実習は、各自治体が定める指標の内容を実地で学ぶ場面でもあります。自治体の中には、教育実習生に求められる資質・能力の「教育実習評価票」を策定し、基礎力形成の指導を導入している所もあります。

　各自治体の「教員育成指標」については、それぞれの自治体のホームページ等で確認しておきましょう。

1 教育公務員特例法改正の背景と課題

　中央教育審議会答申「これからの学校教育を担う教員の資質能力の向上について～学び合い、高め合う教員育成コミュニティの構築に向けて～」(2015年12月) において、教員の主体的な学びを支えるさまざまな取り組みを進めるための基盤として、教育委員会と大学等が相互に議論し、養成や研修の内容を調整するための制度として、「教員育成協議会」を創設することが求められました。答申では、この協議会における協議を通じて「教員育成指標」を策定し、共有することが適当と提言されました。こうした提言がなぜ出されるに至ったのか、次のような背景と課題があります。

(1) 背景

○教育課程・授業方法の改革（アクティブ・ラーニングの視点からの授業改善、教科等を越えたカリキュラム・マネジメント）への対応

○英語、道徳、ICT、特別支援教育など、新たな課題への対応

○「チーム学校」の実現

○社会環境の急速な変化

○学校を取り巻く環境変化

・大量退職・大量採用による年齢、経験年数の不均衡

・学校教育課題の多様化・複雑化

(2) 課題

①研修

○自ら学び続けるモチベーションを維持できる環境整備が必要

○アクティブ・ラーニング型研修への転換が必要

○初任者研修・10年経験者研修の制度や運用の見直しが必要

○教員の学ぶ意欲は高いが多忙で時間確保が困難

②採用

○優秀な教員確保のための求める教員像の明確化、選考方法の工夫が必要

○採用選考試験への支援方策が必要

○採用にあたって学校内の年齢構成不均衡の是正に配慮することが必要

③養成

○「教員となる際に最低限な基礎的・基盤的な学修」という認識が必要

○学校現場や教職に関する実際を体験させる機会の充実が必要

○教職課程の質の保障・向上が必要

○教科・教職に関する科目の分断と細分化の改善が必要

④全般事項

○大学と教育委員会の連携のための具体的な制度的枠組みが必要

○幼稚園、小学校、中学校、高等学校および特別支援学校等の特徴や違いを踏まえて、制度設計を進めていくことが重要

○新たな教育課題（アクティブ・ラーニングの視点からの授業改善、教科等を越えたカリキュラム・マネジメント）に対応した養成・研修が必要

2 教育公務員特例法の改正内容

　中央教育審議会答申を踏まえて、文部科学省では教育公務員特例法の改正を行いました。改正内容は次の通りです。

---

(1) 校長及び教員としての資質向上に関する指標の策定に関する指針【第22条の2関係】

　文部科学大臣は、公立の小学校等の校長及び教員としての資質向上を図るため、校長及び教員としての資質向上に関する指標の策定に関する指針を定めるものとする。

(2) 校長及び教員としての資質の向上に関する指標【第22条の3関係】

　公立の小学校等の校長及び教員の任命権者は、指針を参酌し、その地域の実情に応じ、当該校長及び教員の職責、経験及び適性に応じて向上を図るべき校長及び教員としての資質に関する指標を定めるものとする。

(3) 教員研修計画【第22条の4関係】

　公立の小学校等の校長及び教員の任命権者は、指標を踏まえ、当該校長及び教員の研修について、毎年度、体系的かつ効果的に実施するための計画を定めるものとする。

(4) 協議会【第22条の7関係】

　公立の小学校等の校長及び教員の任命権者は、指標の策定に関する協議並びに当該指標に基づく当該校長及び教員の資質の向上に関して必要な事項についての協議を行うための協議会を組織するものとするとともに、協議会は、指標を策定する任命権者及び公立小学校等の校長及び教員の資質の向上に関する大学等をもって構成するものとする。

---

3 自治体の教員育成指標と教員研修計画

　2018年度から各自治体（全国67の都道府県・指定都市教育委員会）の協議会で策定された「教員育成指標」を基に「教員研修計画」が策定され、法律に基づく新たな制度としてスタートしました。文部科学大臣「指針」（2017年文部科学省告示第55号）によって、教員育成指標の策定は、職責、経験、適性に応じて成長段階の設定を行うように定められています。その際、「必ず、新規に採用する教員に対して任命権者が求める資質を第一の段階として設けることとする」と定められています。

　内容については各自治体の特色があり、自分が受験、就業を希望している自治体の「求める教師像」と併せて必ず確認し、準備を進めてください。

　詳細は、各自治体（全国67の都道府県・指定都市教育委員会）のホームページを参照してください。

Part

教育実習期間中 の 過ごし方

約2〜4週間の教育実習とは、具体的にどのようなものなのでしょうか。PART3では「教育実習期間中の過ごし方」として、実習の基本的な流れや実習生が持つべき心構え、よく起こるトラブルとその対処法などを解説していきます。

01 教育実習生が持つべき心構え
―身だしなみ、挨拶、礼儀など―

1 実習生に求められる心構え

　教育実習は幼・小・中・高等学校・特別支援学校において、実際に教育実践をする実習です。実習生は、一教師としての行動が求められます。日本国憲法第15条第2項が定めるように、教師は「全体の奉仕者」であり、公共の利益のために職務に専念する義務（地方公務員法第35条）があります。

　実習校の教職員は、実習生が教師になるのを応援したいと考えています。その点を踏まえ、応援してもらえるような実習生になることが大切です。実習生を見ているのは、教職員ばかりではありません。児童生徒もよく見ていて、謙虚に接していれば、いろいろなつぶやきや行動で教えてくれます。心のアンテナを張り、児童生徒の心をキャッチすることが大切です。

　実習時間中の私用電話やメールなどは厳禁です。学校は、多くの教職員や保護者、外部の人たちが出入りしています。実習時間中はもちろん、通勤・退勤中も注意を払い、家に帰るまでは教師であると考え行動するようにしましょう。歩きスマホ、信号無視などはもってのほかです。さらには、電車・バスの中やレストランなど公共の場では、決して実習校の児童生徒や保護者、教師等の話をしてはなりません。どこで誰が聞いているか分からないからであり、万が一誰かの耳に入れば、学校や教師の信頼が失われてしまいます。現職教員であれば、信用失墜行為（地方公務員法第33条）や守秘義務違反（地方公務員法第34条）となる行為です。十分に気をつけましょう。

2 実習生にふさわしい身だしなみ

（1）教師として信頼される服装

　「人は見た目が9割」などと言われますが、人と関わる職業である教師にとって、第一印象は非常に大切です。リクルートスーツなど、清潔でさわやかな服装を心がけましょう。

（2）生活指導に配慮した身だしなみ

　教師は児童生徒の「手本」です。実習生といえども、学校では一教師として児童生徒に見られています。中学校では校則で茶髪を禁止しているケースも多く、茶髪の実習生がいれば、秩序を乱すことになりかねません。小学校も含め、髪の毛は染めず自然の髪色にするなどの配慮をしたいところです。

（3）教育効果に配慮した身だしなみ

　児童生徒が、落ち着いて気持ちよく学習できるような身だしなみも重要です。例えば、音が出てしまうナイロン製の服などは、児童生徒の気が散ってしまう可能性があるので注意が必要です。また、机間指導等で腰をかがめて指導する際、髪の毛が長いと児童生徒の顔に触れてしまい、不快感を与えてしまう可能性があります。髪の毛が長い人は、ゴムなどでまとめておく

ようにしましょう。

（4）児童生徒の安全に配慮した身だしなみ

特に幼稚園、小学校では、爪の立っている指輪やネックレスなどは、児童生徒にけがをさせてしまう可能性があります。実習期間中は身に付けないようにしましょう。

3 挨拶や礼儀

朝の出勤時は、教職員や児童生徒に「おはようございます！」と明るくさわやかに挨拶をすることが大切です。同様に、退勤時も「お先に失礼します！」と言って帰るようにしましょう。

担当外のクラスの教室などに入るときは、ノックして許可を得てからにしましょう。

先生方にご指導をお願いするときは「よろしくお願いします」、ご指導いただいた後は「ありがとうございました」を忘れないことも大切です。学校の廊下で、知らない大人に出会った場合は、軽く会釈をすれば失礼になりません。挨拶や会釈は、人と心を通わせる第一歩です。

実習生の多くは普段、友人同士でくだけた言葉づかいをしていると思います。しかし、実習校では実習生といえども一教師として見られるわけで、正しい言葉づかいが求められます。「めっちゃ」「やばい」などの学生言葉や、「よろしかったでしょうか（正しくはよろしいでしょうか）」などの「バイト敬語」は使わないように気をつけましょう。

4 その他の注意

その他の注意点として、以下のようなことが挙げられます。

○勤務時間を守る（遅刻は厳禁）。

○勤務時間の30分前までには学校に着くようにする。

○やむを得ない理由で遅刻・欠勤するときは、実習校の副校長（教頭）先生に自分で連絡する。その後、大学にも連絡する。早退や通勤途中での事故などの場合も、まず実習校に電話連絡する（メールでの連絡は厳禁）。

○実習期間中は、実習以外の予定を入れない。

○校則によく目を通し、遵守する。

○授業を参観させてもらうときはあらかじめ許可をもらい、終了後はお礼を言う。

○実習校の施設、設備（印刷機やコピー機、教具など）を使う際は、事前に許可を得る。

○休み時間や給食・清掃の時間は、児童生徒と行動を共にするなどして積極的に関わりを持つ。

○通勤は自動車・オートバイではなく、公共交通機関を利用する。

○給食費などは必ず期限までに支払う。

○児童生徒との私的交際はしない（自宅を訪問する、メール交換する、私的に会う等）。

02 教育実習期間中の基本的な流れ
―2～4週間のスケジュール―

1 第1週

　教育実習の大まかな流れを下にまとめました。1週目には教職員や児童生徒との顔合わせがあります。校長先生をはじめ、先生方から講話を聞く時間も少なくありません。実習校の教員の授業を参観することも多い週です。その他の時間は、配属された学級で過ごします。

　初日は、緊張すると思いますが、張り切っていきましょう。スーツを着て出勤時刻の30分前までには学校に着くようにします。学校に着いたら、副校長（教頭）先生の指示の下、校長先生はじめ教職員の皆さんに挨拶をしましょう。初日に、教職員全員あるいは全児童生徒の前で挨拶をするケースもあると思うので、どのような挨拶をするのか前もって考えておく必要があります。なお、出勤後は、出勤簿に毎日押印するのを忘れてはいけません。かばんには、常に印鑑（スタンプ式ではないもの）を入れておくようにしましょう。

■ 教育実習の流れ（小学校／4週間の場合）

1週目	
講話	校長・副校長（教頭）・教務主任・生活指導主任・養護教諭・栄養士など
参観	配属学級・学年・他学年・専科
2週目	
講話	1週目の続き
参観	1週目の続き
参加	Ｔ・Ｔなど（少人数による授業は算数が多い）
授業実践	1日1時間程度
3週目	
参観	配属学級・学年
参加	配属学級や学年でのＴ・Ｔや少人数授業に参加
授業実践	1日2時間程度
4週目	
参観	3週目と同じ
参加	3週目と同じ
授業実践	3週目と同じ
全日経営	朝の会から帰りの会まで1日の授業も含めて実施
研究授業	実習校の先生方に、自身の授業（1時間）を見ていただく

> 学校経営方針や生活指導方針など、学校全体に関わる内容を担当の先生から聞きます。

> 担当学級や習熟度別学級などで授業の支援を行います。

■ 教育実習の流れ（中学校・高等学校・特別支援学校／2～3週間の場合）

1週目	
講話	校長・副校長（教頭）など
参観	配属学級・学年・他学年
2週目	
参観	1週目の続き
授業実践	1日2時間程度
3週目	
参観	配属学級・学年
授業実践	1日2時間程度
研究授業	実習校の先生方に、自身の授業（1時間）を見ていただく

2 第2週（高等学校・特別支援学校は最終週）

　2週目は、講話と授業参観が数多くあります。また、ティーム・ティーチングの「Ｔ2」として少人数授業に参加することもあります。教材研究や、指導案づくりも始まります。授業実践も1日1時間程度、行うようになります。高等学校、特別支援学校では、2週目に研究授業があります。

3 第3〜4週

　3週目以降は、授業実践も1日2時間程度に増えます。

（1）研究授業

　実習の最終週には、多くの先生方に見ていただきながら授業する研究授業があります。ここでは正式な指導案を作成することになり、早い段階から準備が必要です。指導教官の指導の下、指導案ができたら校長先生や副校長先生に見ていただきましょう。その上で、研究授業の前日もしくは当日の朝に、指導案を先生方に配付します。

（2）研究協議会

　研究授業後には、研究協議会があります。最初に、自分の授業の振り返り、自己評価を行う場があるので、参観してくださった先生方にお礼を言いましょう。その後、自らの授業の反省点や課題を3点程度にまとめて簡潔に話します。その後の協議では、先生方から授業を見ての感想や助言をいただけますが、その中には厳しい言葉もあるかもしれません。そうした指摘も、真摯に受け止めて今後に生かすようにしましょう。

（3）全日経営

　最終日近くには「全日経営」と言って、朝の会から帰りの会まで、丸1日学級担任をする機会があります。実習の成果を発揮できるように、心して臨みましょう。

（4）1日の活動

　教育実習中の1日の流れをまとめると、右の通りです。指導教官の先生とは密に情報交換し、指導いただいたらすぐにメモをすることが大切です。日中は児童生徒と活動を共にすることで、見えてくるものがあります。退勤時刻は学校によってまちまちなので、副校長（教頭）先生や指導教官の先生の指示に従いましょう。

　なお、始業前と放課後の主な活動内容については、右の表を確認しておいてください。

■ 教育実習の1日の流れ（小学校の一例）

時刻	活動
始業前	教職員に挨拶／1日の予定の確認／授業準備／教室環境整備／職員室でのコミュニケーション／児童にあいさつ
8:15	職員朝会
8:30	朝の会
8:45〜 9:30	1時間目の授業
9:35〜10:20	2時間目の授業
10:20〜10:40	中休み（休み時間）
10:40〜11:25	3時間目の授業
11:30〜12:15	4時間目の授業
12:15〜13:00	給食（準備・食事・片付け）
13:00〜13:20	清掃
13:20〜13:40	昼休み（休み時間）
13:40〜14:25	5時間目の授業
14:30〜15:15	6時間目の授業
放課後	1日の反省／指導教官からの指導／児童理解について振り返り／実習日誌の記入／学級事務の手伝い／採点・コメント記入／教室環境整備

03 授業見学における心構え
―着目すべき点やメモの取り方―

1 授業見学において観察すべきポイント

　授業はねらいが達成できるように、「導入」で児童生徒の興味関心を高め、「展開」でねらいに基づき学習活動を行い、「まとめ」でねらいが達成するように組み立てていくものです。とはいえ、授業者がいくら努力してもうまくいくとは限りません。なぜなら、授業は児童生徒と授業者が共同でつくり上げていくものだからです。よく「授業は水物」と言われるのは、授業者と児童生徒が行う1回限りの創造的作業だからです。

　授業を成功させるには、十分な教材研究と児童生徒理解、指導技術等が必要です。そうした力を養うには、実習校の先生方が行っている授業を見るのが一番です。とはいえ、ただ漫然と授業を眺めても多くは学べません。以下のような着眼点に基づいて授業を観察し、気づきを得ることが大切です。

■教師に求められる言動　4つの学ぶポイント
①話し方（声の大きさ・抑揚・強弱・緩急・滑舌）
②話し言葉（○ていねいな言葉づかい、×学生言葉「やばい」×雑「だね」「だよ」「へえ」）
③表情（明るさ・落ちつき・視線）
④服装・髪型

■授業の組み立て　10の学ぶポイント
①ねらいの明確化　　②学習過程　　③課題提示の仕方・課題把握
④児童生徒の活動（自力解決・時間の確保）　　⑤学習形態（一斉学習・ペア学習・グループ学習等）
⑥話し合いの仕方（質の高さ）　　⑦まとめ方（児童生徒の言葉）　　⑧話型（根拠を示す等）
⑨机間指導　　⑩評価（何の力を付けようとしたのか、実際に身に付いたか）

■指導技術　7つの学ぶポイント
①教材教具の工夫　　②発問の仕方（主発問と補助発問の準備）
③説明や指示の仕方　　④板書の内容・文字
⑤ワークシート　　⑥学習規律（始業時・終了時の挨拶、返事、発言、椅子の出し入れ）
⑦学習環境の整備（整った教室経営、児童生徒の様子が分かる掲示物）

○自らが行う授業においても、上記の学ぶポイントを活用して、3段階に分けてチェックしてみてください。
○上記の学ぶポイントを踏まえ、自身が行う授業の指導案を改善してみてください。

2 「授業参観カード」の活用法

　授業を見せていただく際は、前もって挨拶をしておくことが大切です。また、参観後は必ず

お礼を言いましょう。

　以下に、参観時に活用できる「参観カード」とその記入例を掲載しておきます。参観内容は2～3程度に絞り、良い点を積極的に見つけて記入するようにしましょう。44ページに、記入用フォーマットも掲載しておきますので、必要に応じて活用してください。

■ 授業参観カード記入例（小学校）

授業参観（観察）カード		
2019年 5月23日 （木） 3 時間目	3 年 1 組	授業者 明星 太郎
教科・領域	算数	
単元名・教材名	わり算	
参 観 内 容		

1　課題提示の仕方
2　授業の様子
3　児童の様子・態度

　1 課題提示の仕方
　・児童の好きな食べ物を提示して問題にしていたため
　　興味関心がぐっと高まった。
　・自分から解決策を考えようと、めあてが児童から出てきた。
　2 授業の様子
　・先生は全体を目配りしながら、一人一人もよく見ている。
　・配慮を要する児童は、特に机間指導で丁寧に指導している。
　・全員が参加できるよう活動に変化をつけている。
　3 児童生徒の様子・態度
　・授業に集中して参加している。
　・学習規律が徹底している。
　・発表者は、発表用ホワイトボードに考え方を書いていた。

　　　　　　　　　　　　学 ん だ こ と

　① めあてが児童から出てきたのは素晴しかった。児童の興味
　　関心を引き出すことで、学習意欲が高まることが分かった。
　② 板書が見やすかった。授業が終わった時、学習の過程が
　　分かる板書になっていた。
　③ 先生の指示が短く、簡潔だった。私は一度にいくつもの
　　話をしてしまうので勉強になった。配慮を要する児童にも
　　分かりやすいと思った。

04 学級経営における心構え
―児童生徒とどのように関わるか―

　実習生の多くは、学校の中でも学級経営が安定している学級に配属されます。実際に教師として着任すれば、小学校では担任を、中学校や高等学校では副担任を任される可能性が高いと思われますが、そこで素晴らしい学級を作るためにも、教育実習において学級経営術を学ぶことが大切です。

1　法制度から見た学級経営

　教育は法令に基づき意図的・計画的に行われるものです。学級経営も、担任が好き勝手に行うわけではなく、校長が作成する「学校経営方針」、学年の教員で相談して決める「学年経営方針」、そして学級担任が作成する「学級経営方針」という流れに沿って、系統的に行われます。

　小学校の場合で考えてみます。小学校では、「小学校設置基準」（2002年3月29日文部科学省令第14号）において、次のような基準が定められています。

・学級は同学年の児童で編制する。（第5条）

・教諭の数は、1学級当たり1人以上を置く。（第6条）

　なお、公立義務教育諸学校の学級編制及び教職員定数の標準に関する法律の改正（2021年3月）により、1学級の人数は2021年度から5年かけて「35人以下」とすることが決まりました。また、小規模校では複数の学年で学級を編制する「複式学級」もあります。

　このように学級は、法令に基づいて意図的・計画的につくられた集団なのです。

2　学級経営案

　学級は法令に基づいて無作為に編制された集団ですから、最初は皆バラバラです。この多様な集団の中で、児童生徒は学習や生活をしていくことになります。

　そのため、学級担任は一人一人の児童生徒の成長発達が円滑かつ確実に図られるようにする必要があり、その成果が上がるように諸条件を整備し、運営していくことが求められます。これが「学級経営」であり、バラバラの児童生徒を学習集団・生活集団としてまとめ上げていく集団づくりなのです。その計画書が「学級経営案」で、形式は学校により異なりますが、基本構成は似通っています。「学級経営案」は、学級の様子が分かってくる5月頃に作成します。

　45ページに一例を示しておきますので、参考にしてください。

3　学級経営を学ぶポイント

　4月当初、多くの教員は、学級づくりに心を砕いています。始業式から3日間は「黄金の3日間」と言われ、この間に学級のルールと人間関係の絆づくりをすることによって、バラバラだった学級に、学級集団としての秩序ができてきます。さらには、一人一人が認め合い高め合える学級、一人一人が「居場所」として安心できる学級となっていくことで、集団の質も向上してい

くのです。

　教育実習は、そうした学級が出来上がり、かたまりつつある時期に行われます。実習生は、指導力の高い教員が担任する学級に配属される可能性が高いので、そうした学級経営の手法を学ぶようにしましょう。

4　児童生徒との関わりにおける配慮事項

　学級経営において、実習生が心掛けるべきポイントには次のようなものがあります。

---

①どの児童生徒にも公平、平等に関わる。
②多角的・多面的な見方をする。　③共感的に理解する。
④おとなしかったり、目立たなかったりする児童生徒にも目配り・気配りをする。
⑤いつも児童生徒と一緒に行動する。　⑥挨拶をする。　⑦ほめ、認める。

　休み時間は児童生徒と大いに遊ぶようにしましょう。遊びの中で面倒見の良い子、思いやりのある子、自己主張の弱い子など、一人一人の個性が見えてきます。

　共に時間を過ごす中で、学級にどのようなルールがあるのか、それを児童生徒はどのようにとらえているのか、クラスの仲間同士がどのような関係か、教師をどう見ているかなど、多くのことが分かってきます。

　また、学級の「文化」が感じ取れることもあるので、よく観察してみてください。「担任の考え」が、話を聞かずとも学級の雰囲気から感じ取れてしまうこともあります。もし、学級の「文化」を感じ取れたとしたら、教師になったときに役立つことでしょう。

5　学級経営の学ぶべきポイント

　最後に、教育実習において、学級経営の学ぶべきポイントをまとめておきます。

---

①児童生徒理解（個別・発達段階・公平・公正に・目を見て耳を傾け共感的に）
□子どもの態度や行動を見ているか　□公平公正に接しているか

②学級集団（授業中に・生活班で・係活動の中で・清掃時に・給食時に・休み時間などに集団としての活動の様子を学ぼう）
□人間関係は友好的・支持的か　□ルールは理解して守っているか

③学級づくり
□子どもの自己肯定感や自己有用感を高める方策を行っているか
□受容的態度・共感的態度や雰囲気があるか
□心の交流が豊かであるか

※授業参観カード（44ページ参照）を活用して良いところを記録し学ぼう。

05 教育実習中によく起こるトラブルと対応
―信頼を失わないために―

1 教育実習期間中に多いトラブル

　教育実習が始まれば、実習生は「大学生」としてではなく、「教師」の一人として、児童生徒はもちろん、保護者からも見られることになります。その意味でも、教師であるという自覚を持って実習に臨むことが大切です。校長先生、副校長（教頭）先生は、実習生が教師としてふさわしい人材かどうかを見ています。

　次のようなことは絶対に起こさず、充実した教育実習にしてください。

（1）連絡がとれない

　実習校から大学に寄せられる苦情で、最も多いのは「本人と連絡が取れない」というものです。実習前、面談の日時等を伝えようと電話したのに一向につながらない…そういった苦情は多く、実習生の印象は一気に悪くなります。実習校の電話番号を登録し、可能な限り電話に出られるようにしておきましょう。学校は、誠実で意欲的な人材を求めています。実習前から誠実な態度で対応することができれば、その後の実習にプラスに作用します。

（2）実習日誌の提出遅れ

　実習校からの苦情で、2番目に多いのは「実習日誌の提出が遅れている」というものです。1日の実習が終わったら、必ずその日のうちに、日誌を書くようにしましょう。日誌を書くことで自らの課題が分かり、翌日の実習において改善に努めることができます。日誌を書いたら、必ず指導教官の先生に提出してから帰るようにしましょう。

2 よくあるトラブルと対処

　次に挙げるようなトラブルはよくありますが、どのように対応するかが肝心です。

（1）通勤途中の事故で電車が遅延した（交通機関の遅延）

　公共交通機関の遅延などにより、実習生が遅刻してしまうようなケースは少なくありません。やむを得ないことですが、大切なのはその時の対応です。駅のホーム等に出て、電話で副校長（教頭）先生に状況を説明することが大切です。メールで連絡したり、友人経由で連絡してもらったりするのは厳禁。必ず自ら電話をして伝えるようにしましょう。

（2）インフルエンザやコロナ等の感染症にかかって高熱が出てしまった（病気やけが）

　夕方になって急な発熱があり、医者へ行ったところ「インフルエンザ」と診断された――そのような場合は、すぐに実習校に電話連絡し、状況を報告します。続いて、大学の実習担当の職員に連絡相談をします。インフルエンザ等の感染症であれば、最悪の場合、実習ができなくなる恐れもありますが、児童生徒への感染リスクを考えればやむを得ません。大切なのは、実習前の体調管理を万全にすること。2～4週間の実習期間中は、健康には十分に気をつけ、最後まで全うできるようにしましょう。

3 その他、注意したいこと

その他に、注意したいこととして次のようなことがあります。

（1）指導案の書き方は予習しておく

指導教官の先生から「指導案が書けないでどうする」と言われたら、実習生としては立つ瀬がありません。可能であれば、事前に担当の学年・教科、実習校で使っている教科書を教えてもらい、準備しましょう。教科書を使って授業をするつもりで、指導案の書き方を予習しておけば安心です。

（2）身体接触は極力避ける

小学校低学年の児童は、向こうから寄ってきて、体に触ってくるものです。慕われているのは良いことですが、必要以上の身体接触には注意を払いましょう。例えば、児童を膝の上に乗せる、肩車をするなどの行為は、周りで見ている児童が家に帰って保護者に伝えるかもしれません。話が悪い方向へ行けば、現職教員の場合は服務事故になるケースもあります。実習生も、注意が必要です。

（3）児童生徒にけがをさせそうな行為はしない

小学校低学年の場合、児童がそばにまとわりついてくることがあります。「おんぶして」「くるくる回して」などと言われることもあります。期待に応えようと、言われるがままにした結果、本人や周囲の子どもにけがをさせてしまうことも少なくありません。危険が予見されるようなことはせず、万が一けがをさせてしまったら、すぐ管理職に報告しましょう。

以前には、実習生がけがをさせてしまって保護者からクレームが入り、問題となったこともありました。実習生といえども、子どもに対しての責任があります。慎重な行動を心掛けましょう。

4 教員採用試験を受けない、教員にならない人も……

実習生の中には、「教員にはならないけれど免許状だけは取っておこう」と考えている人もいることでしょう。もちろん、教師を目指すか否かは個人の自由ですが、以前ある実習生が実習校で「私は教師になりません。もう会社に内定をもらっています」と伝えたところ、先生方が気分を害して「もう教えてやりたくない。忙しい現場で教師にならない人の面倒はみたくない」と怒ってしまったことがありました。

教育実習は、学校の善意でもって行われている活動です。教師として「後輩を育てたい」と考えている人が、そう言われたらどのような気持ちになるか、想像できると思います。卒業してすぐ教師にならずとも、将来的には教師を目指す可能性もあるわけです。実習はそうした気持ちで臨み、誠実な態度を示すようにしましょう。

授業参観（観察）カード

年　　月　　日　（　　　）		年　　　組	授　業　者
時間目			

教科・領域	
単元名・教材名	

参　観　内　容
1
2
3

学　ん　だ　こ　と

■ 学級経営案の例

第4学年1組学級経営案　　担任　教諭・明星花子		
学校教育目標	○考える子 ○思いやりのある子 ○元気な子	校長が作成した学校全体の教育目標。多くは知徳体の3本柱。
学年目標	○話を聞いてよく考える子 ○友達の気持ちを考えて行動する子 ○友達と外で遊ぶ子	学校教育目標を達成するために学年で考えた具体的な目標。
学級目標	○話が聞ける子 ○相手の気持ちを考えられる子 ○外で元気に遊ぶ子	学校、学年の教育目標、児童生徒の実態等から担任が考えた目標。
学級の実態	○在籍数34名。活動的な児童が多い。 ○食物アレルギー（そば）の児童がいる。 ○学習の状況…意欲的な児童が多い。 　前年度までの学習はおおむね習得できている。	在籍数、学級児童の全体的傾向、健康状態〈既往症、アレルギー〉、学習の状況、配慮する児童生徒。
学級の組織	給食当番は6人で分担し1週間交代で行う。	委員、係活動、当番活動〈給食当番、そうじ当番〉、班活動のやり方。
学習指導	○重点…基礎・基本の徹底、児童の興味関心を大事にし、意欲的に取り組めるようにする。 ○学習規律を積み重ねながら、認め励ますようにする。	教科、道徳科、外国語活動、総合的な学習の時間、特別活動等指導の重点。
生徒（生活）指導	○学校、学級のきまりを守り、善悪の判断ができるようにする。	基本方針・努力事項・具体的事項など〈努力点・集団指導・個別指導・安全指導・問題行動への指導、教育相談係との連携。児童生徒理解の方法等。
教室環境の整備	○児童の活動が分かるよう2週間に1回は作品を貼り替える。 ○係活動コーナーをつくる。 ○換気に注意する。	掲示計画、保健衛生に関すること、教室環境づくり〈教具、季節・学習コーナー〉などの設計、背面・廊下側の学級活動コーナーの児童生徒参加計画。
家庭との連携	○学級通信を週1回出す。 ○5月に家庭訪問を行う。 ○保護者会は多くの保護者が参加できるようにする。 ○保護者に、児童生徒の良い面を伝え学級に関心を持てるようにする。	授業参観、学級懇談、保護者会、家庭訪問、個人面談などの年間計画を把握し、学年学級の実態に合った計画を立て、実施する。
学級の事務等	○学籍係…毎月の出席簿の整理 ○教職研修…年次研修 ○校内研究…分科会記録 ○学級事務…学籍・健康診断票作成など	校務との関連事務〈校務分掌・教職研修・校内研究〉や学級事務〈予算・金銭出納・諸帳簿の整理等〉。
評価	○1学期…学級編制替えがあったが、学級としてのまとまりができた。 ○生活規律や学習規律をさらに徹底したい。	学期ごとの学級経営の評価・改善。

Part **4**

成功する教育実習 の 授業づくり

教育実習において最も大きなウエイトを占めるのは「教科指導（授業）」でしょう。教育実習の成否は、授業が上手くできるか否か（良い授業ができるか否か）にかかっていると言っても過言ではありません。具体的に、どのような点に気をつければよいのでしょうか。教育実習における授業づくりのポイントについて解説していきます。

01 年間指導計画を理解する
―授業づくりの土台を築く―

良い授業を作るための方法や手順について学ぶ前に、学校におけるさまざまな指導がどのような形で計画され、実施されているのかを見ていきましょう。

1 年間指導計画

学校の教育活動は、各学校で編成されている「教育課程」に則って進められています。教育実習で実習生が行う教科指導についても、各学校の教育目標に基づいて作成されている「各教科の年間指導計画」に沿って行われることになります。

年間指導計画は、各教科の計画の他に、「道徳科」「特別活動」「総合的な学習の時間」等についてもそれぞれ作成されています。年間指導計画は、各教科・領域の指導をどのように展開するかを明確に示した、最も基本的な指導計画であると言えます。

2 年間指導計画の内容

年間指導計画には、指導目標や指導内容、指導時数、評価規準、評価方法が単元ごとに示され、指導の順序や方法などが記載されています。各教科とも法令に年間授業時数が定められているので、その時数を基に1学期には何時間の授業が実施できるか、さらに月別に何時間の授業が実施できるかを、教科別に記すことになっています。

「指導計画」という名称ではありますが、指導だけでなく評価に関する内容も記載されていることを考えると、「指導計画」であると同時に「評価計画」としての内容も含んでいると言えます。個々の教員はもちろん実習生も、学習指導要領における教科の目標や内容をしっかり理解し、年間指導計画の内容をよく理解した上で、児童生徒の実態に即して教科指導を展開しなくてはなりません。

言葉だけで説明してもイメージしにくいと思うので、年間指導計画の具体例を示しておきます。次ページに掲げるのは、「小学校5年生・理科」の年間指導計画例です。

3 年間指導計画の活用

年間指導計画は、1年間という長い期間にわたって教科・領域の活動の指針となるものであり、常にこの内容を確認しながら指導に当たらなければなりません。年間指導計画はいつでもすぐに見ることができるように身近な場所に置き、後述の「単元指導計画」や「時間ごとの指導計画（学習指導案）」作成の際にも参考にしましょう。

■ 年間指導計画の例（小学校5年生・理科）

学期	月	単元名 （時数）	単元の目標と主な内容	評価規準
1学期 36時間	4	天気の変化 （10）	◎天気の変化を調べて変化を予想したり、1日の気温の変化を調べて天気の違いを捉えたりすることができる。 ・雲の量や動きと天気の関係を調べる。 ・日本付近の天気の変化の特徴を調べる。 ・天気の見方、気温の測り方を調べ観察する。	【知】天気の変化と雲の量や動きとの関係を理解している。 【思】天気の変化の仕方について、予想や仮説を基に問題解決している。 【主】学んだことを学習や生活に活かしている。
	5	植物の発芽 と成長 （15）	◎種の発芽や植物の生長の条件や発芽前後の種を調べて、植物の発芽や成長について考えることができる。 ・種の発芽に必要なものを調べる。 ・種の中に含まれるものを調べる。 ・植物の成長に必要なものを調べる。 ・植物の発芽や成長についてまとめる。	【知】植物の発芽と成長に必要なものを理解している。 【思】植物の発芽や成長について、予想や仮説を基に問題解決している。 【主】学んだことを学習や生活に活かしている。
	6			
	7	魚の たんじょう （11）	◎メダカを飼育し、卵からメダカまでの変化をとらえる。 ・メダカの雄雌の見分け方を知る。 ・メダカの卵の中の変化を観察し、記録する。 ・魚の卵の変化についてまとめる。	【知】魚には雄雌があり、卵は日につれて変化していることを理解している。 【思】卵の中の変化について予想や仮説を基に問題解決している。 【主】学んだことを学習や生活に活かしている。
2学期 42時間	9	花から実へ （9）	◎花のおしべやめしべのつくりや花粉の働きを調べ、結実までの変化を捉えることができる。 ・花には単性花・両性花があることを知り、それぞれの花の様子を調べる。 ・結実までの仕組みを調べる。	【知】植物の花のつくりや結実について理解している。 【思】植物の花のつくりや結実について、予想や仮説を基に問題解決している。 【主】学んだことを学習や生活に活かしている。
	10	台風と天気 の変化 （5）	◎台風がもたらす天気の変化や災害について関心を持ち、台風特有の天気の変化や動きが理解できる。 ・台風の進路と天気の変化を調べる。 ・風による災害や災害に対する備えについて調べたり考えたりする。	【知】天気の変化と雲の量や動きとの関係を理解している。 【思】天気の変化の仕方について、予想や仮説を基に問題解決している。 【主】学んだことを学習や生活に活かしている。
		流れる水の はたらき （13）	◎流れる水の働きを調べ、水の速さや量との関係や土地の様子が変わることを理解する。 ・上流と下流によって、川の様子が違うことに気づく。 ・地面に水を流してその様子を調べる。 ・川と地形について調べ、川の流れと地形の変化を調べる。	【知】流れる水の働きと土地の変化について理解している。 【思】流れる水の働きと土地の変化について、予想や仮説を基に問題解決している。 【主】学んだことを学習や生活に活かしている。
	11	物のとけ方 （15）	◎物が水に溶けることに興味を持ち、溶かす方法や重さを調べ、物の溶け方について理解する。 ・食塩が水にどれだけ溶けるか調べる。 ・溶けると重さはどうなるか調べる。 ・水温と溶ける量について調べる。	【知】物の溶け方の規則性について理解している。 【思】物の溶け方について、予想や仮説を基に問題解決している。 【主】学んだことを学習や生活に活かしている。
	12			
3学期 27時間	1	人の たんじょう （6）	◎人の母体内での成長から誕生までの変化の様子を理解する。 ・人の子どもの母体内での成長について調べる。 ・人の子どもの母体内での成長について調べたことをまとめる。	【知】人は母体内で成長し、生まれてくることを理解している。 【思】胎児の母体内での成長について、予想や仮説を基に問題解決している。 【主】学んだことを学習や生活に活かしている。
	2	電流が うみだす力 （12）	◎電磁石の仕組みや働き、電磁石の強さの変化を調べながら、電流の働きについて理解する。 ・電磁石の性質を調べ、まとめる。 ・電磁石を強くする方法について、調べ、まとめる。 ・電磁石を利用した道具を作る。	【知】電流がつくる磁力を調べ、それらについて理解している。 【思】電流がつくる磁力について、予想や仮説を基に問題解決している。 【主】学んだことを学習や生活に活かしている。
	3	ふりこの きまり （9）	◎振り子の運動の規則性について調べ、理解する。 ・振り子の重さや長さを変えて、1往復する時間を調べる。 ・振り子を利用したものを作る。	【知】振り子の運動の規則性について調べ、それらについて理解している。 【思】振り子の運動の規則性について、予想や仮説を基に問題解決している。 【主】学んだことを学習や生活に活かしている。

02 授業づくりの流れ
―学習意欲を高める授業づくり―

　授業づくりで大切なことは、児童生徒が意欲をもって授業に取り組み、学習内容が理解され、楽しさや喜びを感じ、次の学習に意欲をもつことです。学習意欲を高めるためには次のポイントが大切です。①学習指導に関わる児童生徒の実態把握、②学習形態や学習方法の工夫、③児童生徒の興味関心、意欲をかき立てる教材（題材）、④児童生徒の実態に配慮した環境整備、⑤児童生徒の自己肯定感・自己有用感を高められる人間関係の構築、⑥児童生徒一人一人の成長を評価し、集団の中で実感できる活動場面の設定。

　教育実習では、学習意欲を高める工夫を念頭に置き、指導教員の授業を観察し、自身が行う「教壇実習」の授業づくりを行うようにしなければなりません。

1 指導教官が行う授業の参観と指導への参加

　指導教官の授業は次のような点に着目して参観しましょう。
①児童生徒への発問　②児童生徒の発言への対応　③範読　④指名や指示の方法　⑤板書
⑥机間指導　⑦褒め方と叱り方（注意の仕方）　⑧教材・教具の活用　⑨ICTの活用
⑩服装・言葉づかい・立ち居振る舞い　⑪説明や指示の仕方　等

　授業を見るだけでなく、児童生徒が課題に取り組んだり作業をしたりする時間は机間指導を行い、一人一人の特徴や個性を知ると同時に、信頼関係を築くことも大切です。

2 教壇実習に取り組む（教壇に立つためにすべきこと）

（1）指導単元の決定と準備

　指導する単元を決め、単元全体の内容と流れを理解するとともに、指導に要する時間数についても把握します。

① 年間指導計画（月指導計画、週指導計画も含む）から、単元の指導順や指導時数の詳細をしっかり理解します。

② 指導する単元を決め、単元指導計画から単元の流れを理解します。同時に、年間指導計画から関連する既習事項などについても確認します。

（2）教材研究に取り組む

　「教材」とは、授業の中で学習活動を展開するために使う材料のことで、最も身近なものは「教科書」や「資料集」です。その他に、教科書の内容と関連する「新聞記事」や「書籍」なども教材になり得ますが、こうした教材はそのまま使うのではなく、学習に適する形に加工する必要があります。中心になる教材は教科書ですが、指導目標の達成のためには、授業者が独自に工夫した教材も大切な役割を担います。「教材研究」の主なポイントは次の通りです。

① 教科書や資料集の内容を研究することとともに、その内容に関連してより効果的な指導が展開できる材料を入手したり、活用方法を研究したりすること。

② 担当する授業の内容だけでなく、既習事項や他教科との関連も視野に入れて、幅広い内容に関して研究すること。

③ 児童生徒の能力やレディネス、興味関心なども考慮し、教科の指導目標の達成に効果があるものであること。

④ 教材としては優れていても、指導する側（教師）に十分な指導力や知識・理解がないと効果的な指導は望めない。児童生徒と教師と選ばれた教材がマッチしてこそ「良い結果」が出せるものだということを忘れないこと。

⑤ 前提として学習指導要領とその解説をよく読むこと。教材にとらわれるあまり本来の目標やねらいを見失わないこと。年間指導計画や単元指導計画を見て、全体における単元の位置付けを把握すること。他教科や他分野とのつながりを大切にすること。

⑥ 児童生徒が理解できるものであること。「分かった」「楽しく学べた」「できた」喜びを実感できる授業であること。すなわち「良い授業」ができることを最優先すること。

3 「良い授業」 を作り上げるためのポイント

（1）児童生徒目線から見た「良い授業」の条件

①授業内容が理解できること　②自分自身で考えられること（一人でもグループでも）

③問題が解けること、問いに答えられること　④皆の前で発表できること、説明できること

⑤「認められた」「褒められた」と感じられること

⑥「分かった」（分かって面白かった）と自覚できること

⑦「できた」（できないことができるようになった）喜びを実感できること

（2）「良い授業」のための教材研究のあり方

①目標やねらいを明確にする　②伝えたいこと、学ばせること（内容）を明確にする

③教材の背景や歴史など、学びのきっかけをつかむ　④教材、題材の学習順序を検証する

⑤学びに対する児童生徒の状態（レディネス）や考え方をあらゆる方向から検証する

（3）授業の展開の工夫

①学びの内容を的確に伝える　②なぜ学ぶのか、学習の動機づけができる導入を考える

③考えさせる端緒（きっかけ）を与え、取り組む意欲を高める働きかけをする

④効果的な取り組みの方法を考える

　体験的学習、調査研究学習、グループ学習、教室配置、学習の場の工夫　等

⑤学びの成果をどのように確認（検証）するかを考える

　テスト、レポート、発表会、観察　等

⑥要所要所で「なぜ？」と問いかけ、考えさせるなど授業展開を工夫する

⑦言語活動の充実を意識して授業展開を工夫する

⑧授業形態を工夫し、指導内容に応じた指導を展開する

　全体指導、グループ指導、個別指導　等

⑨「主体的・対話的で深い学び」を意識した授業を展開する

03 「主体的・対話的で深い学び」を実現する

1 「主体的・対話的で深い学び」とは

変化の激しい時代においては、さまざまな問題を自分のこととしてとらえ、課題改善・解決に向けて一歩一歩前に進む「主体的な学び」が求められます。一方で、社会で起きているさまざまな問題は、一人で解決できるものではありません。そのため、周囲と積極的にコミュニケーションを取り、協働しながら改善・解決を図っていく「対話的な学び」が求められます。そして、習得した知識や技能を活用し、対話的な学びで得られた手掛かりなどを参考にしながら解決に導くための「深い学び」が求められます。

「主体的・対話的で深い学び」に向けた授業改善では、「生きて働く知識・技能の習得」「未知の状況にも対応できる思考力・判断力・表現力等の育成」「学びを人生や社会に生かそうとする学びに向かう力・人間性等の涵養」を育むことを意識していくことが大切です。

■ 主体的・対話的で深い学びの実現

「主体的・対話的で深い学び」の視点に立った授業改善を行うことで、学校教育における質の高い学びを実現し、学習内容を深く理解し、資質・能力を身に付け、生涯にわたって能動的（アクティブ）に学び続けるようにすること

学びを人生や社会に
生かそうとする
学びに向かう力・
人間性等の涵養

生きて働く
知識・技能の
習得

未知の状況にも
対応できる
思考力・判断力・表現力
等の育成

【主体的な学び】
学ぶことに興味や関心を持ち、自己のキャリア形成の方向性と関連付けながら、見通しを持って粘り強く取り組み、自己の学習活動を振り返って次につなげる「主体的な学び」が実現できているか。

【対話的な学び】
子供同士の協働、教職員や地域の人との対話、先哲の考え方を手掛かりに考えること等を通じ、自己の考えを広げ深める「対話的な学び」が実現できているか。

【深い学び】
習得・活用・探究という学びの過程の中で、各教科等の特質に応じた「見方・考え方」を働かせながら、知識を相互に関連付けてより深く理解したり、情報を精査して考えを形成したり、問題を見いだして解決策を考えたり、思いや考えを基に創造したりすることに向かう「深い学び」が実現できているか。

文部科学省「新しい学習指導要領の考え方―中央教育審議会における議論から改訂そして実施へ―」22 ページの図を基に作成。

2 「主体的・対話的で深い学び」を取り入れた指導の工夫

(1) 学習課題について

児童生徒一人一人が見通しをもつことができ、成就感・達成感が得られる学習課題を考えなければなりません。課題の内容に応じ、児童生徒が一人で解決するのではなく、学級全体の共

通課題とし、意見交換や話し合いを通して、解決までのプロセスの大切さを実感できる課題が求められます。児童生徒への発問、説明、指示は、その内容によって適切に使い分けることが必要です。出し方は、簡潔かつ具体的に出し、組み合わせ等に留意する必要があります。

(2) 学習形態について

　学習形態には、一斉学習、グループ学習、ペア学習、個別学習等があります。それぞれの特性を生かし、学習内容や場面に応じて設定することが大切です。また、児童生徒がそれぞれの学習形態に慣れると同時に、ルールやマナーを十分理解した上で取り組むことも大切です。一斉学習では、児童生徒がその学習に主体的に参加し、意見等を発表する時間を確保することが大切です。グループ学習では、意見交換や議論することで、多様な考え方等に児童生徒が気づけるようにすることが重要です。個別学習では、一人一人に応じた適切な指導・支援が行われなくてはなりません。

(3) 学習活動について

　課題を見出し、解決策を考え、意味や価値を創造していくためにも、言語活動や体験的な活動、問題解決型の学習等を、それぞれの特性に応じて位置付けることが大切です。例えば、体験的な活動では、社会で働く人から話を聞く活動などを通じ、自己の考えを広げたり、深めたりし、キャリア形成を充実させるようにしましょう。

(4) 教材・教具について

　教材・教具を工夫することで、児童生徒の興味・関心を高め、学習内容の理解を促進することができます。また、児童生徒同士の協働、児童生徒と教員や地域の人との対話を促し、共有化が図られる可能性もあります。ただし、教材・教具は授業のねらいを達成するための手段であることを忘れてはなりません。

(5) 板書と学習の記録について

　板書は、授業の流れが分かるものであり、児童生徒と共に作るものです。授業の目標や課題、問題解決的な学習の流れなどを整理しながら書いていくことが大切です。児童生徒にとって分かりやすいビジュアル、色使い、構造などの工夫も求められます。

　学習の記録は、大きくノートとワークシートの2つがあります。ノートは、自分の考えを整理し、友達や先生の意見・発言などをメモに残してまとめ、後で確認するために使うものです。児童生徒が分かりやすいノートを作成できるよう、指導を工夫する必要があります。一方のワークシートは、教科書等の補助教材で、学習活動の内容に即したものを用意することが大切です。自分の考えを書き込めるスペースや友達の考え・意見を書き込めるスペースを設けるなどして、学習の流れが見えるよう工夫することが大切です。

(6) ポートフォリオを活用した評価

　学習活動で作成した作文、レポート、テスト、作品等をファイリングするポートフォリオを活用した評価のことです。そうして整理することで何が分かったか、何ができるようになったかを評価し、児童生徒の達成感や自尊心、自己効力感を高めることができます。また、次の課題を明確にすることにより、生涯にわたってアクティブに学び続けることの実現も図れます。

Part

プロ教師に学ぶ
「学習指導案」の作り方

教育実習においては、「学習指導案」の作成が課題として課されますが、これが作れず途方に暮れる実習生が少なくありません。教育実習における学習指導案は、具体的にどのような形で作成していけばよいのでしょうか。校種・教科別に、プロ教師が作成した4種類の単元指導計画と10種類の学習指導案の実例を掲載しましたので、参考にしてください。

01 学習指導案とは
―役割・概要・形式―

1 学習指導案とその役割

　学習指導案とは、より良い授業（分かる授業、楽しい授業）を展開するために、教師が作成する「授業計画書」のことです。学習指導計画には「年間」「月・週」「単元」ごとの計画があり、それらに基づいて作成される「1単位時間」の授業計画が、一般的に言われる学習指導案なのです。これを作成する意義としては、次の3つが挙げられます。

（1）授業者のための学習指導案

　指導計画に沿って的確な授業のねらいを設定することで、効果的な授業が展開できるようになると同時に、授業実施後の反省・検証・改善に役立てることができます。

（2）児童生徒のための学習指導案

　授業者の計画的な授業の実施により、指導内容の確実な定着を図ることができます。

（3）授業を参観する人のための学習指導案

　授業を参観する人（研究授業時の先生方や授業参観時の保護者等）が、指導内容と指導に関する授業者の意図を理解し、後の研究協議会において検討・検証の資料として活用できます。

2 学習指導案の形式

　学習指導案は1単位時間（45～50分）の授業を実施するための計画であり、教師一人一人が良い授業づくりのために工夫して作成するので、公式に「これ」と定められた形式はありません。しかし、よく用いられている学習指導案には「細案」と「略案」があり、教員はそれぞれを必要に応じて使い分けています。

（1）細案

　年間指導計画、単元指導計画を基に作成された、1単位時間の指導計画が学習指導案ですが、「細案」の記載事項は、単元名や単元目標、指導観（単元設定の理由、単元観、児童生徒観、教材観）、単元指導計画、評価計画（評価規準）、本時の学習（本時の教材・目標・展開等）など、1単位時間の授業内容だけでなく、その単元に関する全ての内容に及びます。

（2）略案

　細案のうちの本時の学習を中心に表したものが、学習指導案の「略案」です。記載される内容は、単元名、単元目標、本時の学習（本時の教材・目標・展開等）などです。

3 学習指導案の内容

　学習指導案は、年間指導計画や単元指導計画に基づいて作成されるため、単元の指導がどのような順序で行われるのか、本時の前にどのような学習が行われてきたのか、単元の指導を行うにあたってどのような目標を立てるのか、その評価をどのように考えるか等、さまざまな事

柄を書く必要があります。「細案」に書かれる主な内容は次の通りです。

(1) 学校名、対象学年、学級、人数、学習場所

(2) 日時、校時、指導教官名、授業者名（実習生名）

(3) 単元名…学習指導要領や教科書などを参考に「内容のまとまり」としての単元を設定し名称を書く。

(4) 指導観

　①単元観…単元に関する考え方、とらえ方を表す（学習指導要領参考）

　②児童生徒観…学習に対する児童生徒の取り組む意欲、授業態度、児童生徒相互の関係、既習事項の定着など、児童生徒の学習に対する全般的な状況　等

　③教材観…教材の内容や特徴、児童生徒にとっての難易度、指導するにあたって教師が持っている思い入れや重点を置きたい内容　等

(5) 単元の目標…単元の学習を通して達成させたい目標を具体的に書く。

(6) 単元の評価規準…単元の目標を達成できたかどうかを観点別に示す。

(7) 単元指導計画…単元全体を指導する時間数を記し、1単位時間ごとに、指導する細かい内容や目標、留意点などについて書く。

(8) 本時の学習…単元指導計画の中の1単位時間の授業計画を書く。

　①題材（必要なものには入れる）…単元の内容の流れ・順序から、この授業に指導する題材について書く

　②目標…単元の目標に沿って、この授業で達成させたい目標について書く

　③展開…1単位時間を、縦軸を「導入」「展開」「まとめ」の段階に分け、時間的な流れに沿って指導内容を計画する。また横軸を「学習活動」「児童生徒の反応」「指導上の留意点」「評価」やその他などに分け、分刻みの授業の様子を書き表す。

　④評価…評価規準に照らして、この単元、この授業で達成すべき目標を観点別に書くとともに、評価の方法についても書いておくとよい。

　⑤板書計画…授業の流れに沿って計画的に黒板を使い、授業途中に消す内容、残す内容を決めておき、時間の終わりに本時の内容がしっかり振り返れるように書く。

　⑥その他…授業内で使う教材・教具や授業を展開する上で必要なワークシート、授業参観者用の教科書のコピーや座席表など必要な準備について書く。

　上記内容を全てを記載したものが、学習指導案の「細案」であり、(8)本時の学習を中心に記載するものが「略案」です。教育実習においては、毎時間の教壇実習の計画は「略案」を作成するケースもありますが、最後の研究授業では「細案」を作成しなければなりません。

02 学習指導案の作り方
―具体的手順と留意点―

1 学習指導案作成の手順

学習指導案の作成手順は、以下の通りです。

①取り組む学年や指導内容について考え、単元の流れと目標や評価をしっかりと把握する。

②単元の中のどの部分の授業に取り組むか考え、本時の目標をしっかりと把握する。

　導入／基礎／展開／応用／まとめ／発展

③教材を決め、教材研究をする。教科書の内容を確認するとともに自ら工夫する教材についても研究し、分かりやすい授業の展開を考える。

④１単位時間の流れを考える。

⑤課題や課題数を考える。

⑥学習形態や指導の方法を考える。

⑦児童生徒の考え方や反応、説明等を予想する。

⑧児童生徒の活動場面を考える。

⑨１単位時間のまとめの内容や方法を考える。

⑩板書計画を考える。

⑪教材・教具、ワークシート、リアクションペーパー、座席表等を準備する。

2 作成上の留意点

学習指導案を作成する上で留意すべき点は、以下の通りです。

①単元の目標、本時の目標が、具体的に押さえられていること。

②指導内容が精選されており、単元の指導内容も的確に配列されていること。

③学習の流れが押さえられており、単元全体と本時の指導が見通されていること。

④児童生徒の学習活動が優先されるように配慮してあること。

⑤個別指導の機会と方法が用意されていること。

⑥児童生徒の具体的な反応とそれに対応する具体的な対応・準備がされていること。

⑦評価のための手段・資料が用意され、学習効果の判定や学習指導の改善に役立つよう配慮されていること。

3 「学習指導案」作成のポイント

(1) 単元名

学習指導要領や教科書などを参考に「学習内容のひとまとまり」である単元を設定し、適切な名称を付けます。

(2) 指導観（教材観、児童生徒観、単元設定の理由など）

①この単元を学習させるのはなぜか、この単元の教育的価値は何かなどを、学習指導要領における教科の目標や内容と関連させながら明らかにします。

②授業者の立場に立って、学習内容の位置付け、指導の工夫などを明らかにします。

③授業者から見た児童生徒の状況（意欲・人間関係・レディネス等）について書きます。

(3) 単元の目標

単元の学習を通して達成したい目標を、学習指導要領に沿って具体的に書きます。

・「～させる」：教師の指導に重点を置いて

・「～できる」：児童生徒主体の目標（身に付けるべき知識・技能・態度など）

(4) 単元指導計画と評価計画

単元目標を達成するためにこの単元に何時間分の授業を配当し、各時間をどのような学習内容で構成するのか、学習指導要領の配当時間を参考にしながら計画します。本時の授業と前時・次時とのつながりを明確に意識して計画を立てる必要があります。また、単元の指導内容に合わせた評価計画を立てる必要があります。

(5) 本時の目標（ねらい）

本時の授業が単元全体の指導の中でどのような位置を占めているのかを明らかにし、学習指導要領の単元目標を参考にしながら、児童生徒の到達すべき目標を記述します。

(6) 本時の展開

①1単位時間の授業計画を書いたもので、1ページまたは2ページ（見開き）に収まるように書くと、全体の流れがつかみやすくなります。

②「導入→展開→まとめ」といった形で、時間の経過にしたがって書き進めます。

③展開部分は「展開①」「展開②」のように複数になることもあります。

④「導入」では、適切な教材を用意し、児童生徒の学習意欲を喚起するとともに、学習事項に関する問題意識の共有化を図ります。

⑤「展開」では、教師の指示・発問に基づいて多様な学習活動が行われます。

⑥「まとめ」では、本時の学習事項が整理されるとともに、次時の予告が行われます。

⑦本時の授業のために準備したい教材・教具について書きます。

(7) 評価の観点（評価規準を基に作成）

授業を通して、児童生徒が「本時の目標（ねらい）」をどの程度達成できたのかを判断するのが評価です。どのような方法で評価するのか、観点に沿って具体的に明示します。

学習指導案は授業の設計図であり、シナリオです。研究授業などの時に書く場合は、参観者や指導者に資料として配付されるもので、「他人が見て分かる」ようにする必要があります。したがって、「指示・発問」を具体的に書き込むことが重要で、発問は「何をどう答えればよいか」が児童生徒に伝わるように考えるとよいでしょう。「～を理解させる」だけでは読み手には分からないので、「何をどのように理解させる」のか、授業者の頭の中にある計画を「指示・発問」で可視化することで良い指導案となります。

03 単元指導計画とは
―一般的な形式・フォーマット―

　単元指導計画は、1単元分の授業の構想を記載した全体計画です。これを基に、学習指導案を作成することになります。決められた形式やフォーマットがあるわけではありませんが、児童生徒の活動がイメージでき、実現可能で具体的なものでなければいけません。ここでは、単元指導計画の一般的な形式と、記入上の留意点を紹介します。

第〇〇学年「□□科」単元指導計画

1　単元（題材）名
　教科等によっては、「単元名」を「題材名」「主題名」とします。

2　単元（題材）の目標

> 「単元の目標」ではなく、「単元の指導目標」というタイトルであれば、<u>教員が主体になる表現</u>で書きます。「〜の態度を養う。」等

- 単元（題材）全体の目標を簡潔に記述します。
- 教員が指導するという表現ではなく、児童生徒が何をするのかを表現します。
- 育成すべき三つの資質・能力等に対応して、目標も三つ（知識・技能に関する目標、思考力・判断力・表現力等に関する目標、学びに向かう力・人間性等に関する目標）、または三つ以上設定します。
- すぐ下の「3　単元の評価規準」と同じ文末表現になるのを避け、「〜を理解する。」「〜について的確に表現する。」等、「〜する。」と記述します。

3　単元（題材）の評価規準

> 【ア】という表記は「6単元（題材）指導計画と評価計画」の表中の記述を簡略にするための工夫です。

	知識・技能【ア】	思考・判断・表現【イ】	主体的に学習に取り組む態度【ウ】
単元の評価規準	文末は「〜している。」「〜できる。」等 ①…について理解している。 ②…の技能を身に付けている。	文末は「〜している。」「〜できる。」等 ①…を考察し表現することができる。 ②…を具体的な場面で活用できる。	「知識・技能」と「思考力・判断力・表限力等」の目標を踏まえて、「〜ようとしている。」という文末にする。 ①…について学んだことを…しようとしている。 ②…を学んだ過程を振り返って検討しようとしている。

- 単元（題材）の目標をもとに「おおむね満足できる」状況（Bの状況）を具体的な児童生徒の姿として示します。
- 指導と評価の一体化の観点から、単元の目標に示した内容を評価します。

4　指導観［単元（題材）設定の理由］
　単元（題材）指導計画の中でも重要な部分です。本単元（題材）に関わる意義や価値、指導観、展望等を整理します。

（1）単元（題材）観
- 学習指導要領における位置付けや重点事項について記述します。
- 指導者の教育観等が表現される部分です。

（2）児童生徒観

本単元（題材）の学習内容に関して基礎的既習事項が定着しているか、学習上の課題があるか等を記述して、方向性を明らかにします。その際、児童生徒の実態や興味関心を基に、単元（題材）のねらいや学習内容から見た現状や課題を具体的に記述します。

（3）教材観

授業で使う教材・教具、地域の人材、学習環境などをどのように活用するのかを明確にし、記述します。

5　年間指導計画における位置づけ

月	4	5	6	7	8	9	10	11	12	1	2	3	備考
	「単元名」（〇〇h）・主な学習活動………			＊単元（題材）名、各単元ごとの主な学習活動、実施時期、授業時数　➡単元のねらい、各教科等の関連について記す場合もあります。＊学習指導要領で示された内容を偏りなく、バランスよく配置します。＊学習活動の見通しを持たせるために単元を位置付けて示すものです。＊特別支援学校・特別支援学級等では、教科・領域等において年間を通して学習するケースがあります。									

6　単元（題材）指導計画（単元目標を達成するための指導計画）と評価計画

次　時	学習内容・学習活動	指導上の留意事項	学習活動に即した評価規準・評価方法
	・**学習内容**とは学習するべき事項のこと。 ・**学習活動**とは児童生徒が行う活動のこと。 ・児童生徒の立場から記述します。 ・授業のイメージが持てるよう記述します。	・指導者がどのようなねらいでどのような指導を行うのか記述します。 ・個別指導が想定される場合、その手立てを記述します。	・単元の評価規準を具体化し、評価規準と評価の観点を指導過程に即して記述します。 ・【ア】①　…の言葉の意味を正しく説明している。（ノート） ・【ウ】②　…の学習を振り返り、自分の課題を分析しようとしている。（ワークシート）

・単元指導計画の時間の区切り（横線）については、教科等の特性に応じて数時間をまとめて「次」としてまとめることもあります。

7　指導にあたって

・指導にあたって工夫・改善したこと等を記述します。
・授業形態の工夫例（一斉授業と個別指導、グループ指導、チームティーチング等）、指導方法の工夫（板書、発問、体験的な学習、教材・教具の開発、タブレットの利用、ICTの活用等）

04 学習指導案における評価
―学力のとらえ方と3観点―

1 評価に対する基本的な考え方

　そもそも学習評価とは何なのでしょうか。教育実習においても、この点をよく理解していないと学習指導案が作れなかったり、目標に沿った授業ができなかったりします。学習評価とは何かを正しく理解し、良い授業を作り上げてください。

(1) 学習評価の目的

　学習評価とは、「児童生徒にどのような力が身に付いたか」などの学習成果を的確にとらえ、教師が指導の改善・充実を図るとともに、児童生徒自身が自らの学習を振り返り、学習目標への到達度や学習内容の理解度などを把握し、学習意欲を引き出すことができるようにするものです。また、評価には、目標に準拠した観点別学習状況の評価と最終的なまとめとしての評定があります。

(2) 学習評価の充実

　学習指導要領の総則には、各校種において下記のように「指導の評価と改善」と「学習評価に関する工夫」が示され、学習評価の充実が求められています。

---

(1) 児童（生徒）のよい点や進歩の状況などを積極的に評価し、学習したことの意義や価値を実感できるようにすること。また、各教科等の目標の実現に向けた学習状況を把握する観点から、単元や題材など内容や時間のまとまりを見通しながら評価の場面や方法を工夫して、学習の過程や成果を評価し、指導の改善や学習意欲の向上を図り、資質・能力の育成に生かすようにすること。

(2) 創意工夫の中で学習評価の妥当性や信頼性が高められるよう、組織的かつ計画的な取組を推進するとともに、学年や学校段階を越えて児童（生徒）の学習の成果が円滑に接続されるように工夫すること。

---

2 観点別学習状況評価の観点の変遷

　1989年告示の学習指導要領により、自ら学ぶ意欲の育成や思考力、判断力などの能力の育成に重点が置かれたことから、「関心・意欲・態度」「思考・判断」「技能・表現（又は技能）」「知識・理解」の4つが評価の観点として示され、2008年告示の学習指導要領では「生きる力」の育成を目指すことから基本的な考え方を引き継ぎ、「関心・意欲・態度」「思考・判断・表現」「技能」「知識・理解」の4観点に整理されました。

　しかし、この段階では教科によって観点の名称が異なるという複雑さがありました。例えば、社会科の「思考・判断・表現」は「社会的な思考・判断・表現」、それに対して数学の「思考・判断・表現」は「数学的な見方や考え方」といった具合です。この複雑さは、2017年告示の学習指導要領で解消され、全ての教科等で共通の3観点に整理されました。

　なお、現行の学習指導要領は、小学校では2020年4月、中学校では2021年4月から全面実施され、高等学校では2022年4月から年次進行で実施されています。

3 学力のとらえ方と3観点

　2007（平成19）年に改正された学校教育法第30条②では、次のように「学力の3要素」が規定されています。

> 　生涯にわたり学習する基盤が培われるよう、基礎的な知識及び技能を習得させるとともに、これらを活用して課題を解決するために必要な思考力、判断力、表現力その他の能力をはぐくみ、主体的に学習に取り組む態度を養うことに、特に意を用いなければならない。

　さらに、2017年告示の学習指導要領では、学校教育が育成すべき「生きる力」を具体化し、「知識及び技能」「思考力、判断力、表現力等」「学びに向かう力、人間性等」の3つの柱に整理したと述べています。

　以上のことを図示すると右下の図のようになります。

　「学びに向かう力・人間性等」のうち、「学びに向かう力」は「主体的に学習に取り組む態度」として評価します。しかし、「人間性等」はABCでの評価や数字による評定には馴染まないので、この部分は個人内評価を通じて見取ることとされています。

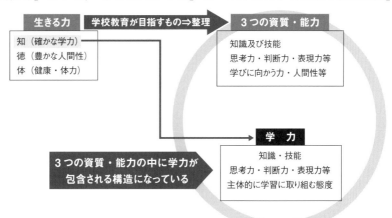

■ 評価規準の書き方

知識・技能	思考・判断・表現	主体的に学習に取り組む態度
〜を理解している。 〜ができる。	〜の問題点を見出し、解決策等を考えている。 〜の考えをまとめ、文章に表している。	〜を理解しようとしている。 〜を表現しようとしている。 〜学習方法の改善を図ろうとしている。 （結果ではなく、取り組む態度を評価する。「〜ようとしている」という文末になる）

　主体的に学習に取り組む態度；意欲的に学習に取り組んでいる実態を評価するとともに、自らの学習を振り返って学習方法を改善しようとする態度もあわせて評価します。

小学校 第6学年 国語科 単元指導計画

1 単元名

登場人物の関係をとらえ、人物の生き方について話し合おう　題材「海の命」

2 単元の目標

○人物像や物語の全体像を具体的に想像したり、比喩などの表現の効果を考えたりしながら読み、言葉の使い方を理解する。

○登場人物、象徴的な事物の相互関係や心情などについて、自分自身の考えを踏まえながら、描写を基にとらえる。

○登場人物の生き方について深く考える。

3 単元の評価規準

ア　知識・技能	イ　思考・判断・表現	ウ　主体的に学習に取り組む態度
○場面の様子や優れた心情表現などに着目し、言葉の使い方について理解している。	○登場人物の言動や心情、情景描写を表す言葉などに興味をもちながら読んでいる。 ○人物像や物語の全体像を読み取り、自分の考えをまとめている。	○問いをもちながら物語を読み、友達と意見交流をする機会を通して、登場人物の生き方についての理解を深めようとしている。 ○作者と自分の考えを比較し、自分自身の生き方について考えを深めようとしている。

4 指導観

(1) 単元観

　本単元は、小学校学習指導要領の国語科の「第5学年及び第6学年」「2　内容」「C　読むこと」の(1)の指導事項エ及びオの内容を受けて設定した。児童はこれまで「カレーライス」や「やまなし」などの物語文を通して、登場人物の心情の変化や情景描写、比喩に着目しながら読むことを学習してきた。これらを基盤として、登場人物の相互関係を読み取るとともに、それぞれの生き方について考えたことを友達と交流し合い、さらに考えを深められるようにしたい。

(2) 児童観

　本学級の児童はこれまでの学習を通じ、場面の展開に即して登場人物の心情の変化や相互関係、表現の違いについて読み取ることができる。その一方で、物語を読み進めていく上で、自分自身の生き方を振り返り、自分自身の考えをもつことには課題がある。

(3) 教材観

　本教材では、主人公の心情の変化や他の登場人物との関係をとらえながら、物語の山場を読み取ることができると予想される。また、人間は周囲のさまざまな人間との関わり合いにより成長していくことを知り、その成長の過程で「自分」という存在を見つめ直すきっかけとしたい。

5 単元指導計画（単元目標を達成するための指導計画）と評価計画

次	時	学習活動・学習内容	学習活動に即した具体的な評価規準[評価方法]
1	1	○題名から内容を想像したり、全文を読んだりして、初発の感想を交流する。	**ウ** 物語を読んで、考えたこと、疑問に思ったことを進んで友達に伝えようとしている。（話し合い・発表）
2	2	○太一を中心とした人物相関図を書き、登場人物の相互関係をとらえ、作品の内容を把握する。	**ア** 場面の様子や心情表現に着目し、言葉の使い方を理解している。（発言） **イ** 登場人物の相互関係を読み取り、文章のおおよその内容をつかんでいる。（ワークシート）
	3	○太一の気持ちの変化を読み取る。 ・太一の父に対する気持ち（第一場面）	**イ** 太一の父に対する尊敬の気持ち、海への強いあこがれを読み取っている。（発表）
	4	・与吉じいさと太一の関係。 ・弟子入りした太一の気持ち（第二場面）	**ア** 登場人物の相互関係を理解した上で、与吉じいさと太一の気持ちを読み取っている。（発表・ワークシート）
	5	・クライマックスはどこか。 ・巨大なクエにモリを打たなかった太一の気持ち（第三場面）	**イ** 登場人物の心情の変化や、場面描写を的確にとらえ、物語のクライマックスでの太一の気持ちを想像して、自分の考えをまとめている。（話し合い・ワークシート）
	6	・父親になった太一の姿から、これからの太一の生き方を読み取る。	**ウ** 自然と共生する生き方を考えようとしている。（話し合い・発表）
3	7	○作者が題名に込めた思いを、グループでの話し合いを通して考える。	**ア** 作者の思いを読み取り、作品の主題をとらえている。（話し合い・発表）
	8	○「海の命」の中で自分のお気に入りの場面について良さや理由などを考え、紹介カードを書く。	**イ** 作品への思いを生かし、自分の思いが伝わるように考えをまとめている。（カード・観察）
	9	○紹介カードを友達と発表し合い、その場面の良さを具体的に伝え合う。	**ウ** 自分の考えや感動を友達に伝えることができるように工夫しようとしている。（発表）

6 指導にあたって

○授業形態の工夫：個人で考える時間に加えて、グループ活動や発表を通して、周りの友達と意見交流したり、自分の意見と比較したりすることで、自分の考えをより深めていけるようにする。

○指導方法の工夫：場面ごとに太一の心情を表す表現に線を引き、その下に読み取った心情を書く活動を取り入れることによって、自分の考えを文字に表して思考を整理する。

○教材の工夫：ワークシートを活用することで場面の状況を理解し、登場人物の心情の変化を読み取りやすくする。

中学校 第2学年 数学科 単元指導計画

1 単元名

連立方程式（連立二元一次方程式）

2 単元の目標

○二元一次方程式とその解の意味や連立二元一次方程式の必要性と意味及びその解の意味を理解し、数学的に表現・処理する技能を身に付ける。

○一元一次方程式と関連付けて、連立二元一次方程式を解く方法を考察し、表現したり、連立二元一次方程式を具体的な場面で活用したりする。

○連立二元一次方程式について、数学的活動の楽しさや数学のよさを実感して粘り強く考え、学んだことを生活や学習に生かそうとする態度、問題解決の過程を振り返って評価・改善しようとする態度を身に付ける。

3 単元の評価規準

ア　知識・技能	イ　思考・判断・表現	ウ　主体的に学習に取り組む態度
①二元一次方程式とその解の意味を理解している。 ②連立二元一次方程式の必要性と意味及びその解の意味を理解している。 ③簡単な連立二元一次方程式を解くことができる。	①一元一次方程式と関連付けて、連立二元一次方程式を解く方法を考察し、表現することができる。 ②連立二元一次方程式を活用して具体的な場面で考察し、表現することができる。	①連立二元一次方程式の必要性と意味を考えようとしている。 ②連立二元一次方程式のよさを実感し、粘り強く考え学んだことを生活や学習に生かそうとしている。 ③連立二元一次方程式を活用した問題解決の過程を振り返って評価・改善しようとしている。

4 指導観

(1) 単元観

○二つの未知数の片方を消去すると、既習の一元一次方程式に帰着させて解くことができることを理解させる。

○加減法と代入法のどちらの方法で解くかは、生徒自身に主体的に考えさせる。

○連立方程式の利用として、問題の読み取り、理解、立式のための図表化、立式、解法、吟味まで生徒自身に工夫させ、主体的・意欲的に取り組ませる。

(2) 生徒観

○数学を苦手・不得意とする生徒が多いが、この単元は比較的取り組みやすい内容になっているので、生徒自ら意欲的に取り組み、基礎・基本の定着が図られ、学ぶ意欲・姿勢を向上させることができると考える。

(3) 教材観

○連立方程式は解を求めることを目指すが、その解が正しいかどうかをその場で、自分の力で確かめ

ることができる。このことで苦手意識を払拭させたり、達成感を体験させたりすることができる。

○連立方程式の学びは、一人一人が解き方を工夫して取り組める内容である。グループ学習でも個人学習でも、自らの工夫を生かして解くことで、数学的活動の楽しさや数学のよさを実感して粘り強く考え、数学を生活や学習に生かそうとする態度を身に付けさせることができる。

5 年間指導計画における位置づけ

月	4	5	6	7	8	9	10	11	12	1	2	3	備考
		実施時期 (12時間)		○単 元 名：連立方程式（連立二元一次方程式） ○実施時期：5月中旬から6月中旬（授業時数：12時間） ○学習活動：・連立方程式とその解について学ぶ。 　　　　　　・連立方程式の解き方（加減法と代入法）を学ぶ。 　　　　　　・いろいろな形の連立方程式の解き方を学ぶ。 　　　　　　・連立方程式の活用方法（文章問題の解き方）について学ぶ。									

6 単元指導計画（単元目標を達成するための指導計画）と評価計画

次	時	ねらい	学習内容・学習活動	指導上の留意点	評価規準・評価方法
1	2	○二元一次方程式とその解の意味、連立方程式とその解の意味を理解する。	○二元一次方程式、連立方程式とその解の意味を知る。	○一元一次方程式との違いを確認し、解について考えさせる。	ア−① ［行動観察・ワークシート］ ア−② ［行動観察・ワークシート］
	3	○加減法や代入法を理解し、それらを用いて、連立方程式を解くことができる。	○加減法、代入法について学び、連立方程式を解く。	○未知数を消去するため、数や文字式の代入も理解させる。 ○文字を消去する他の方法を考えさせる。	ウ−① ［行動観察・ワークシート］ イ−① ［ワークシート］
	2	○いろいろな連立方程式を解くことができる。	○かっこ、小数、分数を含む連立方程式やA＝B＝Cの形をした連立方程式の解き方を理解し、慣れる。	○連立方程式の形に合わせて解けるように工夫させる。	ア−③ ［小テスト］
2	4	○いろいろな問題を、連立方程式を利用して解決するときの考え方や手順を理解する。	○文章等で表された具体的な事象の問題を、連立方程式を使って解く方法を理解し、慣れる。	○「文章題を解く手順」を再確認させる。 ○連立方程式の解が題意に沿った答えであるかを考えさせる。	イ−② ［行動観察・ワークシート］ ウ−② ［行動観察・ワークシート］
3	2	○単元のまとめをする。	○活用について振り返る。	○基礎・基本の確認とともに様々な問題に取り組ませる。	ア−③ ［ワークシート］ ウ−③ ［振り返りシート］

7 指導にあたって

指導にあたって工夫・改善したことを記述。

○授業形態の工夫：一斉指導と個別指導、習熟度別指導、少人数指導、グループ指導、T・T等

○指導方法の工夫：示範、板書、発問、体験的学習、協働的探究学習、教材・教具の開発、ICTの活用等

小学校第4学年　社会科　単元指導計画

1　単元名

自然災害からくらしを守る

2　単元の目標

○地域の関係機関や人々は、自然災害に対し、様々な協力をして対処してきたことや、今後想定される自然災害に対し、様々な備えをしていることを理解する。

○自然災害から人々を守る活動について、過去に発生した地域の自然災害や関係機関の協力などに着目して、聞き取り調査をしたり地図や年表などの資料で調べたりしてまとめ、自然災害から人々を守る活動を捉え、その働きを考え、表現する。

○主体的に学習問題を追究・解決し、学習したことを基に地域社会の一員として自然災害から自身の安全を守り、自然災害の備えに取り組む。

3　単元の評価規準

知識・理解	思考・判断・表現	主体的に学習に取り組む態度
①過去の地域の自然災害や関係機関の協力などについて聞き取り調査をしたり資料で調べたりして、必要な情報を集め、読み取り、災害から人々を守る活動を理解している。 ②調べたことを関連図などにまとめ、地域の関係機関や人々は、自然災害に対し、様々な協力をして対処してきたことや、今後想定される災害に対し、様々な備えをしていることを理解している。	①過去に発生した地域の自然災害、関係機関の協力などに着目して問いを見出し、災害から人々を守る活動を考え、表現している。 ②自然災害が発生した際の被害状況と災害から人々を守る活動を関連付けて、それらの働きを考えたり、地域で起こり得る災害に対して自分たちにできることを選択・判断したりして、適切に表現している。	①自然災害から人々を守る活動について、予想や学習計画を立てたり、学習を振り返ったりして、学習問題を追究し、解決しようとしている。 ②よりよい社会を考え、学習したことを基に、地域で起こり得る災害に対して、自分たちにできることなどを考えようとしている。

4　指導観

(1)　単元観

　本単元は、過去に都内で発生した水害を事例として取り上げ、地域の関係機関や人々の協力活動などを中心に調べるようにして、相互依存関係を捉えられるようにしたい。また、学習指導要領の内容の取扱いに示されている「地域で起こり得る災害を想定し、日頃から必要な備えをするなど、自分たちにできることなどを考えたり、選択・判断したりできるように配慮する」ことについては、第4次の「いかす」段階で、それまで児童が学んできたことを基にして考えられるようにしたい。

(2)　児童観

　本学級の児童は、これまでに取り組んだ単元「水はどこから」や単元「ごみの処理と利用」の学習において、資料を活用しながら情報を適切に読み取り、まとめる力を身に付けてきた。本単元では、区役所の防災担当の方や地域の自主防災組織の方との交流を通して、水害が発生した場合の対処の様子について的確にインタビューする力を身に付けられるようにしたい。

（3）教材観

　水害への対処と備えについては、「自助」「共助」「公助」の視点から追究できるようにすることが重要である。そのため、第2次の「調べる」段階において、地域の自主防災組織の方、区役所や都庁の防災担当の方などを教材として取り上げ、自分の命と安全を守る人々の活動を追究することを通して、「自助」「共助」の視点から減災のために自分たちにできることを考えられるようにしたい。

5　単元指導計画（単元目標を達成するための指導計画）と評価計画

次	時	学習内容・学習活動	学習活動に即した具体的な評価規準【評価方法】
1	1	○年表を基にして、白地図の被害場所に印を入れ、東京都内の自然災害の様子を調べて、気がついたことを話し合う。 ・水害や地震災害、火山災害などが起きている。 ○1974年の多摩川の氾濫の様子や対応について、資料を活用して調べる。 ・警察や消防だけではなく、自衛隊も救助している。	【知①】年表や白地図を読み取り、東京都では各地で様々な自然災害が繰り返し起こっていることや地形によって発生しやすい災害があることを理解している。（発言内容、ノート） 【知①】資料から必要な情報を読み取り、多摩川の水害では都や市、消防や警察などが協力して人々の安全を守るために対処してきたことを理解している。（発言、ノート）
1	2	○東京都における大雨の回数と浸水被害数のグラフを比べ、疑問を集約して学習問題をつくる。 ・大雨の回数は、増えたり減ったりしているが、浸水被害の数は、大幅に減っているのはどうしてだろう。 【学習問題】水害から私たちのくらしを守るために、誰がどのような対策をしているのだろうか。 ○学習問題に対する予想について、ICT機器を使って共有し、学習計画を立てる。	【思①】大雨の発生回数、浸水被害の様子、関係機関の協力などに着目して問いを見出している。（発言、ノート） 【態①】学習問題について予想し、それを基に学習計画を立て、解決の見通しをもっている。（発言、ノート）
2	3	○区で発行している防災ガイドを活用したり、区役所の方にインタビューをしたりして、水害から人々を守る取り組みについて調べる。 ・防災計画を立て、関係機関や地域住民とともに防災会議を開いている。 ・東京都や関係機関、区内の川の様子などから天気や水害の情報を収集している。 ・防災ガイドやハザードマップを作成して区民に配り、安全を守るための情報を伝えている。	【知①】区の取り組みについて資料や聞き取り調査から必要な情報を読み取り、区が東京都や関係機関、地域住民と協力しながら、防災計画に基づいて、防災の情報の収集や発信をしたり、災害に備えた体制づくりなどに取り組んだりしていることを理解している。（発言、ノート、付箋）
2	4	○東京都の水害に備えた施設の工夫について調べ、その対策について話し合う。 ・区の事業に比べて、水害に備えた事業にお金をかけている。 ・水害を防ぐためには、ダムの働きをする森林を整備する必要がある。	【知①】水害を防ぐための東京都の取り組みについて調べ、都が災害の防止や被害の縮小に努めていることを理解している。（発言、ノート）
2	5	○防災訓練には、東京都や区、地域が関わって備えていることや地域の方の働きについて地域の自主防災組織の方にインタビューをして調べる。 ・合同防災訓練があって、地域の方たちの中に防災リーダーがいる。	【知①】地域の人々の取り組みを調べ、自助や住民同士の連携を高めていることを理解している。（発言、ノート）
3	6・7	○区、東京都や国、地域の方たちは、どのような取り組みをしていたのか確認し、関連図にまとめる。 ・目的は「命を守ること」「災害を減らすこと」でも、その方法が違う。 ・私たちにも何かできることがあると思う。	【知②】区、東京都、地域の方の取り組みを整理して図にまとめる。（作品） 【思②】学習したことを基に区、東京都、地域の方の取り組みの関連を考え、関連図に表現している。（作品）
4	8	○「区の備えには限界がある」というポスターから、「自助」「共助」の視点から自分たちにできることを考え、話し合い、「防災宣言」としてまとめる。 ・台風の発生などの情報をつかんだら、「マイタイムライン」を考えて行動していく必要がある。 ・日頃から近所の人とあいさつをして、もしものときに助けることができるようにする必要がある。 ・家族とも避難する場所や避難に備えた準備について日常的に話し合うようにしていきたい。	【思②】学習したことを基に、地域に起こり得る災害を想定して災害時の行動の仕方を考えたり、自分たちにできることを選択・判断したりして、適切に表現している。（発言、防災宣言） 【態②】よりよい社会を考え、学習したことを基に、地域社会の一員として、自身の安全を守る取り組みや、関係機関や地域の人々への協力を考えようとしている。（発言、防災宣言）

6　指導にあたって

○授業形態の工夫：調べる学習活動では、まず個人での取り組みを行った後に、班のグループで自分が調べた内容や考えたことを共有することで、追究の視点を広げられるようにする。

○指導方法の工夫：水害への対処と備えに関わる関係機関や地域の自主防災組織との関連を図に表すことで、「自助」「共助」「公助」の相互のつながりを考えられるようにする。

○教材の工夫：区が発行している防災ガイドブックやハザードマップを活用したり、関係機関や地域の方へのインタビュー活動をしたりすることで、臨場感をもって追究できるようにする。

小学校知的障害特別支援学級 国語科 単元指導計画

1　単元名

げきの発表をしよう〜「おおきなかぶ」〜

2　単元の目標

○繰り返しことばや自分の好きな文章や場面を選び、登場人物になりきり、リズムの面白さを見つけ、楽しんで音読する。
○相手に伝わるようはっきりした発音で話す。
○劇あそびなどを通して場面や登場人物の気持ちを想像しながら表現する。
○それぞれの役になりきって演じる。

3　単元の評価規準

ア　知識・技能	イ　思考・判断・表現	ウ　主体的に学習に取り組む態度
①誰が何をしたか理解している（文中の主語と述語関係） ②物語の面白さに気づき、絵やせりふをもとに場面の様子を理解している。	①声の大きさや速さなどに注意しながら発音し、話している。 ②場面の様子について、登場人物に置き換え、生活経験と関連づけながら動作化している。	①自分の大好きな場面やせりふを表情や身振り、簡単なことばなどを使って表現を工夫しようとしている。 ②物語の楽しさを共有し、友達に紹介しようとしている。

4　指導観

(1) 単元観

　「おおきなかぶ」の指導にあたり、今まで学習してきたことを劇遊びなどを通して表現活動につなげ、日々の生活の中で身振りや簡単な言葉等で表現できることを目指す。一人一人が役を担い、せりふや動作などの表現を通してせりふを理解し、積極的に音読し、楽しく活動に取り組める。そして、みんなで協力しておおきなかぶを抜き、力を合わせて成し遂げることの大切さを体験させたい。

　授業では、パネルシアターやスライドショーなどの視聴覚教材を使い、活動への意欲を図りたい。授業のまとめとして、交流級の友達や保護者に劇の発表を参観してもらって成就感を味わい、自己肯定感を高め、次の活動につなげたい。

(2) 児童観

　本学級は、第2学年2名、第3学年5名の計7名が在籍している。そのうちの3名がダウン症である。知的発達や運動、情緒面等個々の実態に差があり、個別対応が求められる。人との関わりでは、第3学年女子を中心によくまとまっている。子どもによっては、自分の意思がうまく伝わらない時、自己中心的になり他者の意見を聞き入れないことがある。

　学級内ではお互いの気持ちを理解して伝え合うことはできるが、交流級などとの大きな集団での活動では積極的にコミュニケーションを図ったり、自分の気持ちをコントロールするのが難しい児童もいる。

(3) 教材観

　「おおきなかぶ」は、子どもたちにとって身近な人物や動物が登場し、話の展開が分かりやすい。

収穫がテーマとなっており、イメージしやすい教材である。また、栽培や収穫の大切さ・喜び、あるいは小さい者や力の弱い者たちが集まり、みんなで協力し、成し遂げることの大切さなどを教えてくれる物語である。繰り返しの文は、リズムがあり覚えやすい。役を決め演じることで物語を楽しみながら活動することができると考えた。

5 年間指導計画における位置づけ

月	単元名・時（h）、主な学習活動等	備考
4	「みんな友だち」（10h）友達や先生の名前を読む・書く、自己紹介カードの作成、発表	国語の総授業時数は175時間である。子どもの学習課題に即して個別指導もあわせて行う。
5	「大きな声で話してみよう」（15h）ことばあそび、詩・物語の音読、どんな気持ち、漢字の学習、作文の書き方	
6	「遠足の思い出を書こう」（10h）遠足の思い出を順序に気をつけて書く。学級菜園で育てているミニトマトの観察文	
7	「はなのみち」「暑中見舞いを書こう」（12h）音読を楽しみ、場所や季節を登場人物を読み取る。暑中見舞いの書き方	
9	「夏休みの思い出」「運動会の思い出を書こう」（8h）夏休みの出来事を発表する。運動会の思い出を順序よく書く	
10	「おばあさんのひこうき」（12h）絵を見て、場面の様子や登場人物についてイメージ広げながら楽しく読む	
11	「つくってみよう」（8h）簡単なレシピ（説明文）を読み、必要な材料や道具をそろえ、料理（味噌汁）を作る	
12	「げきの発表をしよう」（7h）「おおきなかぶ」を音読し、場面や登場人物の気持ち考え、劇遊びをし、発表する	
1	「書初めをしよう」「かるたをしよう」（12h）書初めをする。かるたあそび（カタカナ・簡単な漢字を交えたかるた）	
2	「よくみてかこう」（16h）書きたい題材を決め、よく見て、様子等を短いことばで書き、考えにそってまとめる	
3	「1年間の思い出文集」をつくろう（12h）今年1年学習した作文等を整理し、個人文集としてまとめる。	

6 単元指導計画（単元目標を達成するための指導計画）と評価計画

時	ねらい	学習内容・学習活動	指導上の留意点	評価規準・評価方法
1	○登場人物や場面、出来事をとらえる。	○学習の見通しをもつ。 ○「おおきなかぶ」の話に興味・関心をもち、劇遊びへの見通しをもつ。	○パネルシアターなどを見ることにより、意欲を高める。どのような劇にしたいか考えさせる。	ウー② 物語のあらすじをつかみ、興味のある登場人物の行動・会話を紹介しようとしている。（観察・発言）
2 3 4 5	○「おおきなかぶ」を読み、楽しく音読することができる。 ○登場人物や話の内容をとらえ、役になりきって演じることができる。	○「おおきなかぶ」の登場人物の行動・気持ちを考える。（かぶがなかなか抜けない、抜けた時の喜び等） ○楽しく読む（リズム感やリフレインの面白さに気づく） ・身振りをつけて読み、みんなで協力し合いながら表現することができる。	○正しく読み、内容を理解しながら読むことに重点を置く。（登場人物の心情など） ○楽しく読むことに重点を置く。（身振りをつけたり、リズムを感じて読む） ○協力し合いながら劇を創り上げる大切さを知る。	イー① 自分の好きな場面を見つけ音読している。（観察） アー② 場面や登場人物の様子を考えながら読んでいる。（観察・発言） アー① リズムやリフレインの面白さなどを感じながら、劇を創っている。（観察）
6	○発表会に向けた練習をする。	○劇の練習をする。 場面を想像しながら、劇の面白さ味わう。	○発表の仕方を知り、せりふや動作等を入れて練習させる。	イー② 登場人物になりきって行動やせりふなどを演じている。（観察・発言）
7	○発表会をする。	○劇をする 自分の役になりきって演じる。	○恥ずかしがらずにみんなと協力しながら演じる。	ウー① 楽しみながら進んで劇に取り組もうとしてる。（観察）

7 指導にあたって

○指導にあたり、パネルシアターなどの視聴覚教材を工夫し、興味・関心を高める。

○生活単元学習において八百屋さんにかぶを買いに行き、かぶのみそ汁を作り、食べるという一連の活動を通して収穫の喜びを知るなど他教科等との関連を図る。

小学校 第3学年 国語科 学習指導案

1　単元名

れいの書かれ方について気を付けて読み、それをいかして書こう「すがたをかえる大豆」

```
日時　　：○○年○月○日（○）第○校時
学年・組：第3学年○組（○○名）
指導教官：○○ ○○　印
授業者　：実習生　○○ ○○　印
場所　　：○○○○○○
```

2　単元の目標

○説明文を読み比較や分類の仕方、必要な語句などの書き留め方、引用の仕方、辞書の使い方を理解し使う。

○自分の考えとそれを支える理由や事例との関係を明確にして、書き表し方を工夫する。

○段落相互の関係に着目しながら、考えとそれを支える理由や事例との関係などについて、叙述を基に捉える。

3　単元の評価規準

ア　知識・技能	イ　思考・判断・表現	ウ　主体的に学習に取り組む態度
①比較や分類の仕方、必要な語句など書き留め方、引用の仕方、辞書の使い方を理解し使っている。 ②既に学習した漢字を書き、文や文章の中で使っている。	①自分の考えとそれを支える理由や事例との関係を明確にして書き表し方を工夫している。 ②段落相互の関係に着目しながら、考えとそれを支える理由や事例との関係などについて、叙述を基にとらえている。	○積極的に説明される内容とそれを支える事例との関係などについて叙述を基に捉えたり、それらを明確にして書き表し方を工夫しようとしたりしている。

4　指導観

(1)　単元観

本単元は「小学校学習指導要領国語」〔第3学年及び第4学年〕「C 読むこと」の「ア 段落相互の関係に着目しながら、考えとそれを支える理由や事例との関係などについて、叙述を基に捉えること」をねらいとしている。

また、「B 書くこと」の「イ 書く内容の中心を明確にし、内容のまとまりで段落をつくったり、段落相互の関係に注意したりして、文章の構成を考えること」を受け、教材文で学んだ文章構成、事例の順序などの書き方の工夫を生かして、自分で調べた事柄について文章を書くことをねらいとしている。本単元は、他にも「読むこと」の教材、「すがたをかえる大豆」で読み取ったことを生かして「書くこと」の教材「食べ物のひみつを教えます」で調べたり、書いたりする活動につなげていくことをねらいとしている。

(2)　児童観

本学級の児童は、好奇心旺盛でさまざまなことに興味・関心をもつ子が多い。本教材についても、自分の食生活を振り返って、本当にほぼ毎日口にしているのか、他に大豆を加工した食品はないかなど、「知りたい」「調べてみたい」といった思いを抱くと思われる。このような児童の意欲や思いを大切にしながら学習を展開したい。

　3年生では、1学期の説明文「言葉で遊ぼう／こまを楽しむ」の学習で、文章全体を「はじめ」「中」「おわり」の構成に分けて読むこと、「問い」と「答え」をとらえて、段落に気をつけて読むことを学習した。そこで、本単元では、各段落の中心となる文やキーワードを押さえながら教材文を読んでいくことで、読み手に分かりやすい文章構成や段落相互の関係をとらえるようにしたい。

（3）教材観

　本教材は、大豆やその加工品について書かれたもので、児童にも身近なものである。ただ、大豆の加工品は見ただけでは原料が大豆とは分からないものも多く、児童にとっては新鮮な驚きをもたらすであろう。自分の食生活や日本の食文化を見つめ直すことにつながり、食育という観点からも貴重な題材である。

5　単元指導計画と評価計画（全7時間）

次	時	学習活動・学習内容	評価規準・評価方法
1	1	○「すがたをかえる大豆」を読み、大まかな内容を捉える。 ○学習課題を設定し、学習計画を立てる。	**ウ**　単元全体の学習の流れを理解し、学習の見通しをたてようとしている。（発言・ワークシート）
2	2	○段落分けを確かめながら文章全体の組み立てを捉える。 ○「中」で挙げられている事例を整理する。	**ア**　国語辞典を活用して本文中の語句を調べ、語彙を増やしている。（ノート） **イ**　相手に分かりやすく事例を整理して書いている。（ワークシート）
2	3	○大豆に手を加えるときの言葉を調べ、辞書で意味を確かめる。 ○文章の説明内容に応じた「問い」を考える。	**ア**　本を活用する方法を知り、本が必要な知識や情報を得ることに役立つことに気付いている。（行動観察・ワークシート） **イ**　段落相互の関係に着目しながら、説明される内容とそれを支える事例との関係などについて、叙述を基に捉えている。（発言・ワークシート） **ウ**　積極的に説明される内容とそれを支える事例との関係に着目し、筆者の説明の仕方の工夫を見付けようとしている。（発言・ワークシート）
	4 本時	○「中」を詳しく読み、中心となる文を確かめながら、内容を整理する。	
3	5 ・ 6	○前時までの学習を踏まえ、筆者の説明の仕方の工夫を整理する。	
		○食べ物を扱った本の中から興味のあるものを読み、感想を伝え合う。	
4	7	○前時までの学習を振り返る。	

6 本時の指導 （全7時間中の第4時間）

(1) 目標

○ 「中」のそれぞれの段落の内容を読み取り、例の書き方やその順序など説明の仕方を見付けること
ができる。

(2) 展開

時間	学習内容	児童の活動・指導上の留意点・支援	評価・備考
導入 5分	1 前時までの学習を想起する。		
展開 35分	2 めあてを確認する。 **おいしく食べるくふうには、どんなものがあるだろう** 3 本時の学習に見通しをもつ。 4 3〜7段落を音読する。 →指名読み 5 工夫されている文を見付ける。 ・工夫が書かれている文を探して赤えんぴつで線を引く。 ・変身した食品に、赤えんぴつで印を付ける。 6 読み取ったことを確認し、発表する。 7 ワークシートにまとめる。	・今日行うことを説明する。 ・段落ごとに5人で読む。 ・「中」の部分をまとめる模造紙を掲示する。 ・3段落について探し方について全体で確認する。 ・4〜7段落について机間指導を行う。 　児童の発言を全体で確認し、模造紙に記入していく。 ・線を引いた工夫と食品をワークシートにまとめる。	ウ 工夫を見付けようとしている。（行動観察・ワークシート） イ 大豆をおいしく食べる工夫について、読み取れている。（行動観察・発言） イ 大豆をおいしく食べる工夫について、読み取れている。（発言・ワークシート）
まとめ 5分	8 本時のまとめと次時の学習について知る。	・ワークシートを集める。	

（3）準備するもの等

3～7段落の本文拡大図・ワークシート

（4）板書計画

すがたをかえる大豆

めあて　おいしく食べるくふうには、どんなものがあるだろう　「中」の部分を読み取ろう

問い　おいしく食べるくふうにはどんなものがあるでしょう。

3～7段落の本文

（5）ワークシート

名前　すがたをかえる大豆／国分 牧衛

めあて　おいしく食べるくふうには、どんなものがあるだろう　中の部分を読み取ろう

大豆をおいしく食べるくふうと食品について表にまとめよう

だん落	③	④	⑤	⑥	⑦
おいしく食べるくふう					
食品					

小学校 第5学年 理科 学習指導案

1　単元名

天気の変化

日時　　：○○年○月○日（○）第○校時
学年・組：第5学年○組（○○名）
指導教官：○○　○○　印
授業者　：実習生　○○　○○　印
場所　　：○○○○○○

2　単元の目標

○雲の動きや量を観測する技能を身に付け、天気はおよそ西から東へ変化していくという規則性について理解する。

○観測結果や映像などの気象情報を活用して、天気を予想し表現する。

○天気の変化と気象情報に興味をもち、進んでそれらの関係について考えたり調べたりする。

3　単元の評価規準

ア　知識・技能	イ　思考・判断・表現	ウ　主体的に学習に取り組む態度
①天気の変化は、雲の量や動きと関係があることを理解している。 ②天気の移り変わりの規則性を理解している。 ③天気予報に用いられる機器などを理解している。 ④天気の変化は、映像などの気象情報を用いて予想できることを理解している。 ⑤雲の形や量、動きについて、観測を基に分類する技能を身に付けている。	○天気の変化の仕方と雲の量や動きとの関係についての予想や仮説を基に、天気を予想して表現している。	①天気の変化と気象情報に興味をもち、進んでそれらの関係について考えたり、調べたりしようとしている。 ②天気の変化の仕方について学んだことを学習や生活に生かそうとしている。

4　指導観

（1）単元観

○本単元は、1日の天気の様子を観測したり、映像などの情報を活用したりして、天気の変わり方を調べ、天気の変化の仕方についての考えをもつようにすることをねらいとしている。興味・関心をもって、1日の雲の様子を観測し、雲の量や動きは天気の変化と関係があることをとらえる。また、テレビや新聞、インターネットを活用して数日間の天気の様子を調べる。天気はおよそ西から東へ変化していくという規則性をとらえる。天気の変化は映像などの気象情報などを使って予測できるという考えをもつことができるようにしていきたい。

○第3学年の「日なたと日かげをくらべよう」、第4学年の「水のすがたとゆくえ」を含めて、この単元を学習することにより、科学的な視点から天気の変化に関心をもたせたい。

（2）児童観

○児童はこれまで天気によって気温の変化の仕方が違うことや時刻によって気温が同じような変化をすることを学習してきている。雲の動きや形の変化は認識していても、雲と天気の移り変わ

りに関連性をもって考えている児童は少ないと思われる。気象情報にしても、与えられる情報としては有効に活用できている児童が多いが、その仕組みに関しては興味・関心がない児童が多い。本単元を通してそれらに関心を向けていきたい。また、情報を収集し、考察し、考えたことを明らかにする過程で、これまでの情報源は身近にある教科書や資料集にとどまっていたが、本単元では、テレビや新聞、インターネットの活用も学ばせたい。

(3) 教材観

○天気に関する情報収集を通して、テレビ、新聞、インターネットなどのさまざまな情報手段の扱いに慣れるようにようにしていく。また、集めた情報から、天気予報をさせることで、想像力、論理性を高めていく。他グループの予報を聞いて、自分たちの天気予報を振り返ることで、さらに考えを深められるようにしたい。

○教室には、学習資料コーナーを設置し、授業以外でも関心をもって天気のことを調べられるようにするとともに、集めた資料の管理にも気を配り、資料をなくさないように注意する。

○空を見上げることが予想されるので、太陽を直視しない、足元に注意するなどの安全にも十分配慮する。

5 単元指導計画と評価計画（全10時間）

次	時	学習活動・学習内容	評価規準・評価方法
1	1	・朝と昼の空の様子の資料写真を見比べて、天気の変化について調べる課題を把握する。	ウ　朝と昼の空の様子の資料写真を見比べて、気付いたことや疑問に思ったことから、天気の変化についての問題を見出そうとしている。（発言・ワークシート）
	2 3 4	・時刻を変えて、雲の形や量、動きなどを観測する。 ・雲の形や量、動きが変わると天気が変わることをまとめる。 ・気象観測の機器について知る。	ア　調べる場所や時刻に配慮しながら、雲の形や量、動きなどを調べ、得られた結果を適切に分類し、記録している。（発言・ワークシート） ア　天気の変化は、雲の量や動きと関係があることを理解している。（発言・ワークシート） ア　気象観測に用いられる機器などを理解している。（ワークシート）
2	5 6	・天気の変化の仕方を調べるための計画を立てる。 ・数日分の気象観測情報を基に、天気の変化を考え分析する。	ウ　調べる方法についてグループで協力して情報を集め、問題解決しようとしている。（行動観察・ワークシート） イ　集めた情報を基に、天気の変化について考察している。（発言・ワークシート）
	7 本時	・記録等から、春の天気の変化の規則性をまとめる。	ア　天気の変化は、様々な気象情報を用いて予想できることを理解している。（発言・ワークシート）

3	8 9 10	・天気を予想するための方法を考える。 ・天気を観測したり、気象情報を集めたりして、明日の天気を予想する。 ・天気の変化について、学んだことをまとめる。	イ　天気を予想する方法について学んだことを生かして考えている。(発言・ワークシート) ウ　天気の変化について学んだことを生かし、明日の天気を予想しようとしている。(発言・ワークシート) ア　天気の変化の仕方や気象情報の活用の仕方について理解している。(発言・ワークシート)

6　本時の指導（全10時間中の第7時間）

（1）ねらい

○天気の変化には一定の規則性があり、様々な気象情報を用いて予想できることを理解する。

（2）展開

時間	学習内容	児童の活動・指導上の 留意点・支援	評価・備考
導入 8分	・天気の変化の関係について気付いたことを発表する。	・学習したことや調べたことを基に、天気の変化について発表させる。	
展開 29分	**天気はどのように変化していくのだろうか** ・雲がある地域と雨が降っている地域について調べたことを発表する。 ・雲の移動を比較する。 　→雲は西から東に動くようだ ・アメダス降水量を同様に見比べる。 　→降水量から雨も西から東に移動していることが分かる。 ・天気の変化がどのように移り変わっているか整理する。	○アメダスから雨の降っている地域と雲の関係を比べる。 　・雲があるところで雨が降っている。 ○同時刻の違う地域の雲画像から雲の動き方を比べる。 　・雲は西から東に動いている。 ○アメダスの図とも比べる。 　・雨も西から東に動いている。 ○気付いたことをワークシートに書く。	ア　天気は、西から東に変化していくという規則性があり、雲の変化を見ることで、天気を予想できることを理解している。(発言・観察・ワークシート)
まとめ 8分	・雲の動く方向と天気の変化の関係を整理する。 　→雲は西から東に動いている。 　→雲が動くと雨も動く。	○第3次の展開につながることを予告する。	

（3）準備するもの等

○日本付近の雲画像（時刻の違うものをインターネットから入手・印刷し、拡大したもの）

○アメダスの拡大図（上記と同様にする）

　※アメダス（降水量情報）は1時間の降水量を1時間ごとに更新して地図に表示している。児童に
　　とっては雨の降っている地域が一目で分かるので便利。気温や風も発信している。

（4）板書計画

めあて　　天気の変化のとくちょうを探ろう	4月26日	4月27日	4月28日	4月29日
○天気と雲のようす 　晴れ…雲が少なく青空が見える 　くもり…白っぽい雲、青空なし 　雨…黒っぽい雲が多い	日本上空の雲画像	日本上空の雲画像	日本上空の雲画像	日本上空の雲画像
○雲の動き方…西から東に動いている ○天気の変化…西から東へ雨の降る場所が変 　　　　　　　わっている	アメダス	アメダス	アメダス	アメダス

【午前12時】

まとめ…日本付近では、雲が西から東に動くので、天気も西から東へと変化する。

（5）ワークシート

天気の変化　　　　　　　　名前

復習　　晴れているとき　　＿＿＿＿＿＿＿＿＿＿＿＿＿＿＿＿

　　　　くもっているとき　＿＿＿＿＿＿＿＿＿＿＿＿＿＿＿＿

　　　　雨のとき　　　　　＿＿＿＿＿＿＿＿＿＿＿＿＿＿＿＿

　　　　めあて　＿＿＿＿＿＿＿＿＿＿＿＿＿＿＿＿＿＿＿＿＿＿

○雲がかかっている場所はどこでしょう。都市名を書きましょう。

○月○日○時	○月○日□時	○月○日△時

○雨が降っている場所はどこでしょう。都市名を書きましょう。

○月○日○時	○月○日□時	○月○日△時

○雲の動き方はどうなっているでしょう。　　　○雨の動き方はどうなっているでしょう。

＿＿＿＿＿＿＿＿＿＿＿＿＿＿＿＿＿＿＿＿　＿＿＿＿＿＿＿＿＿＿＿＿＿＿＿＿＿＿＿＿

○天気はどのように変化しているでしょう。

＿＿＿＿＿＿＿＿＿＿＿＿＿＿＿＿＿＿＿＿

○まとめ

＿＿

中学校 第1学年 音楽科 学習指導案

1　題材名

リズムにことばをあてはめてリズム譜をつくろう

日時	：○○年○月○日（○）第○校時
学年・組	：第1学年○組（○○名）
指導教官	：○○ ○○　印
授業者	：実習生　○○ ○○　印
場所	：○○○○○○

2　題材の目標

①リズムとことばとの関わりについて理解する。

②創意工夫したリズム譜づくりをするために必要な技能（音符の組み合わせ方、記譜の仕方）を身に付ける。

③多様なリズムを知覚し、それらの働きが生み出す雰囲気を感受しながら、知覚したことと感受したこととの関わりについて考え、どのようにリズムをつくるかについて思いや意図を持つ。

④テクスチュア、構成を知覚し、それらの働きが生み出す特質や雰囲気を感受しながら、知覚したことと感受したこととの関わりについて考え、どのように音楽をつくるかについて思いや意図を持つ。

⑤リズムの特徴や構成に関心を持ち、リズム譜づくりや発表を楽しみながら、主体的に取り組もうとする。

3　題材の評価規準

知識・技能	思考・判断・表現	主体的に学習に取り組む態度
①リズムとことばの関わりについて理解している。 ②創意工夫したリズム譜をつくるために必要な技能（音符の組み合わせ方、記譜の仕方）を身に付けている。 【観察】 【ワークシート】	③多様なリズムを知覚し、それらの働きが生み出す雰囲気を感受しながら、知覚したことと感受したこととの関わりについて考え、どのようにリズムをつくるかについて思いや意図を持っている。 ④テクスチュア、構成を知覚し、それらの働きが生み出す特質や雰囲気を感受しながら、知覚したことと感受したこととの関わりについて考え、どのように音楽をつくるかについて思いや意図を持っている。 【観察】 【ワークシート】	⑤リズムの特徴や構成に関心を持ち、リズム譜づくりや発表を楽しみながら、主体的に取り組もうとしている。 【観察】 【ワークシート】

4　指導観

(1)　題材観

　本題材は、多様なリズムに親しみながら、リズム譜をつくる能力を育成することをねらいとする。音符やリズムを十分に理解できていない生徒も無理なく活動ができるよう、導入ではリズムにあてはまることばを見つけ、リズムを身近なものとしてとらえさせる。また、リズムパターンを組み合わせて、自分のイメージに沿った作品を思いや意図を持って創作できるようにする。リズムにことばをあ

てはめて理解できるようにしている。

〇学習指導要領の指導事項

「A　表現」（3）創作

　ア　創作表現に関わる知識や技能を得たり生かしたりしながら、創作表現を創意工夫すること。

　イ　（ア）音のつながり方の特徴

　ウ　創意工夫を生かした表現で旋律や音楽をつくるために必要な、課題や条件に沿った音の選択や組み合わせなどの技能を身に付けること。

〇学習活動の支えとなる共通事項（1）

　ア　リズム、構成、テクスチュア

（2）生徒観

　本学級の生徒は、音楽経験に差はあるものの、1学期では鑑賞活動や歌唱活動に一生懸命取り組む姿勢が見られた。一方で、音符や休符等の楽典の学習では、苦手意識を持つ生徒が多かった。小学校では器楽の学習はしていても、音名がふってある楽譜を見て演奏していることも多く、感覚的に音符をとらえているだけの生徒も多い。そのため、音価の理解や読譜の力は身に付いていないようである。即興演奏などの経験はあるものの、初めての創作活動になるので、本題材では音楽づくりの楽しさを味わわせたい。

（3）教材観

　今回の指導にあたっては、読譜やリズムの記譜などの経験が少ないことを踏まえ、生徒の実態に合わせた学習過程を工夫して、生徒がリズムや旋律をつくる楽しさや喜びを実感することができるようにする。具体的には、授業はじめの導入や常時活動を充実させ、読譜、リズム、記譜に慣れ親しんでおく必要性がある。手拍子による創作活動のため、ワークシート以外は教材を用意しない。リズムが分からなくなってしまう生徒に対しては、グループ活動での学び合いを促すとともに、机間巡視でリズムを確認できるよう支援する。

5　年間指導計画における位置づけ

　中学校における創作活動は、今回が初めてである。まずは、言葉とリズムとの関係を知り、記譜・読譜をすることができるようになることで、今後の学習につながると考える。本題材後には、合唱コンクールに向けての練習があるため、歌唱の授業が中心となる。そこで、今回培ったリズムの読譜力を活かして歌唱活動に取り組むことができるようにしたい。また、リズムアンサンブル曲をつくる過程で曲の構成にも注目するため、合唱をする際には楽譜を見て、声部の役割を理解しながら、自ら歌唱表現を工夫することにつながり、充実した活動になると考える。また、今回学んだリズムづくりから、第2・3学年ではさらに発展させてコード進行とも関連付けながら旋律がつくり出せるように指導していきたい。

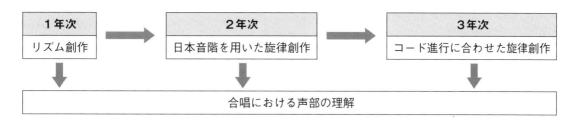

6 題材の指導計画と評価計画（全3時間）

◆目標　○学習内容　・学習活動	評価規準（評価方法）		
	知・技	思	態
第1時 ◆リズムにあてはまることばをみつけよう。 ○常時活動 ・常時活動であるリズム模倣ゲームとリズムリレーを行い、リズムに親しむ ○学習目標の確認 ○音符・休符の種類を復習する。 ○リズムパターンを学習する。 ・四分音符、八分音符、四分休符からなる8種類のリズムパターンを手拍子でたたく。 ○リズムパターンにあてはまることばを見つけ、プリントに記入する。 ○クラス全体で発表し、意見を共有する。 ○本時のまとめ ・本時で学んだことの振り返り ・次時の学習の見通しを持つ	知① （ワークシート①）		態⑤ （行動観察・ワークシート①）
第2時（本時） ◆リズムにことばをあてはめてリズム譜をつくろう ○リズムパターンを組み合わせて、4分の2拍子で、4小節のリズム曲をつくる ・テーマを考え、それに沿ってリズム曲をつくり、記譜する ○記譜の仕方の確認 ・演奏しやすいように、音符を記入する位置、"はね"や"ぼう"の向きなどに気をつけながら記譜する ○個人でつくったリズムをグループで発表する ・どのような思いや意図をもってつくったかを伝えてから、手拍子で発表する ○本時のまとめ ・本時で学んだことの振り返り ・次時の学習の見通しをもつ	知② （ワークシート②・行動観察）	思③ （ワークシート②）	態⑤ （行動観察・ワークシート②）
第3時 ◆リズムにことばをあてはめてリズム譜をつくろう ○リズムパターンを組み合わせて、4分の2拍子で、8小節のリズム曲をつくる ・テーマを考え、それに沿ってリズム曲をつくり、記譜する ○記譜の仕方の確認 ・演奏しやすいように、音符を記入する位置、"はね"や"ぼう"の向きなどに気をつけながら記譜する ○個人でつくったリズム譜をタブレットで撮影して提出する ・良い作品を中心に、代表者が発表する ○本時のまとめ ・本時で学んだことの振り返り	知② （ワークシート③・行動観察）	思④ （ワークシート③）	態⑤ （行動観察・ワークシート③）

7 本時（全3時間中の第2時）

(1) 本時の目標

・リズムにことばをあてはめて4小節のリズム譜をつくる

（2）本時の展開

時間	◎学習内容　・学習活動	・留意事項及び指導の工夫	評価規準（評価方法）
導入 5分 2分	○常時活動 ・常時活動であるリズム模倣ゲームとリズムリレーを行い、リズムに親しむ ○本時の目標を確認する	・常時活動を行うことで、リズムに慣れ親しませる。 ・次回は8小節のリズム譜をつくることを確認する。	
	リズムにことばをあてはめて4小節のリズム譜をつくろう		
展開 15分 8分 3分 10分	＜個人活動＞ ○ワークシートに沿って、4小節のリズム譜にことばをあてはめて記譜をする。 ・条件に沿って2作品創作をする。 ＜リズム譜づくりの条件＞ ・①〜⑧のリズムを使用する。 ・同じリズムパターンは2度まで使用できる。 ・8分休符は「っ」をあてはめる。 ・単語の羅列ではなく、文章として成り立つように創作する。 ＜グループ活動＞ ○つくったリズム譜をグループ（4人）で発表する。 ・発表を聴いているときに気づいたことや感じたことを書く ○班の中で1作品を選び、全員で演奏できるように練習する。 ○班の代表作品を、全体の場で発表する。 ・班員全員で演奏する	・難しい場合は、例を参考に1作品つくってよいことを伝える。 ・リズムが分からなくなった場合には、ことばのリズムを思い出すように声掛けを行う。また、机間指導し、個別の支援も行う。 ・早く終わった生徒に対しては、プリント③の8小節の作品を作るよう指示を出す。 ・他の生徒の演奏を聴いているときに、ことばの組み合わせなどの工夫を聴き取るように指示を出す。	知② 思③ 態⑤ （ワークシート②・行動観察）
7分	○振り返り ・今回の学習を振り返る ・次回はリズムパターンを増やし、8小節の作品を創作することを確認する		

（3）板書計画

```
電子黒板
（書画カメラで、発表して
いるグループのリズム
譜を写す）
```

○月○日（曜日）

本時の予定
・リズムゲーム
・リズム創作（ワークシート）
・グループ発表
・クラス発表
・振り返り

本時の目標
リズムにことばをあてはめて4小節のリズム譜をつくろう

（4）授業観察の視点

○生徒は、自主的に活動に取り組むことができていたか。

○生徒は、リズムと言葉のつながりを知覚し、創作することができていたか。

○思考する時間を十分に取れていたか。

中学校 第2学年 理科 学習指導案（授業の中で自尊感情を高める取組）

1　単元名

生物の体のつくりとはたらき　1章　生物をつくる細胞　1節　生物の体をつくっているもの

日時　　：○○年○月○日（○）第○校時
学年・組：第2学年○組（○○名）
指導教官：○○ ○○　印
授業者　：実習生　○○ ○○　印
場所　　：○○○○○

2　単元の目標

○生命に関する事物・現象についての観察、実験などを行い、生物の体のつくりと働きについて理解するとともに、科学的に探究するために必要な観察、実験などに関する基本的な技能を身に付ける。（知識・技能）

○生命に関する事象・現象に関わり、それらの中に問題を見いだし探究するために、見通しをもって観察、実験などを行う。その結果を分析して解釈し表現するなど、科学的な探究活動を通して、多様性に気付くとともに規則性を見いだしたり課題を解決したりする力を養う。（思考力・判断力・表現力）

○生命に関する事象・現象に進んで関わり、科学的に探究しようとする態度と生命を尊重する態度を養う。（主体的に学習に取り組む態度）

3　単元の評価規準

ア　知識・技能	イ　思考・判断・表現	ウ　主体的に学習に取り組む態度
①科学的な探究に必要な観察、実験などに関する基本操作や記録などの基本的な技能を身に付けている。 ②生物の体のつくりと働きとの関係に着目しながら、生物と細胞についての基本的な概念や原理・法則などを理解している。	細胞に関する実験に基づき、結果を分析して解釈し、生物の体のつくりと働きについての規則性や関係性を見いだして表現している。	生物と細胞に関する事物・現象に進んで関わり、見通しをもったり振り返ったりするなど、科学的に探究しようとしている。

4　指導観

（1）単元観

本単元は、中学校学習指導要領理科第2分野内容である以下を受けて設定した。

> **（3）生物の体のつくりと働き**
> （ア）　生物と細胞
> 　ア　生物と細胞
> 　　生物の組織などの観察を行い、生物の体が細胞からできていること及び植物と動物の細胞のつくりの特徴を見だして理解するとともに、観察器具の操作、観察記録の仕方などの技能を身に付けること。

本単元では細胞を染色したり、顕微鏡の倍率を変えたり、スケッチを行ったりして顕微鏡を用いた観察方法を身に付けさせる。また、身近な生物の観察記録などを通して、植物と動物の共通点や相違

点を見いださせるとともに、細胞や細胞が集まってできている体のつくりにも共通点や相違点があることも考えさせ、知識の確実な定着を図る。

(2) 生徒観

　本単元の学習の前に、生徒の理科の授業への意識に関するアンケート調査と小学校第6学年「人の体のつくりと働き」「植物の養分と水の通り道」の学習に関するレディネステストを行った。アンケート調査の結果を次に示す。

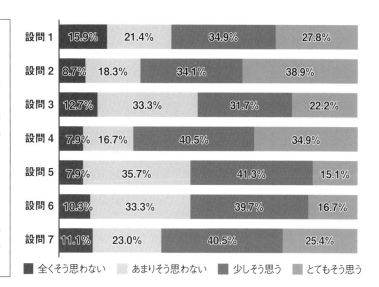

理科の授業のアンケート
1 理科の授業は好きである。
2 観察、実験することは楽しい。
3 理科の授業で話し合い、発表をすることが楽しいと感じる。
4 友達の考えを聞く活動は、自分の考えをまとめることに役立っている。
5 観察・実験の結果から自分の考えをもつことができる。
6 理科の授業の内容は生活に関わることであると感じる。
7 Chromebookを使うことは自分の学力や学習への意欲を高めるのに役立っている。

	全くそう思わない	あまりそう思わない	少しそう思う	とてもそう思う
設問1	15.9%	21.4%	34.9%	27.8%
設問2	8.7%	18.3%	34.1%	38.9%
設問3	12.7%	33.3%	31.7%	22.2%
設問4	7.9%	16.7%	40.5%	34.9%
設問5	7.9%	35.7%	41.3%	15.1%
設問6	10.3%	33.3%	39.7%	16.7%
設問7	11.1%	23.0%	40.5%	25.4%

　アンケート結果から、設問3では発表や話し合いが苦手であったり好きではないと感じていたりする生徒が46%いる。また、設問5から実験後に考察をすることに課題を感じている生徒は43.6%いる。しかし、設問4にもあるように友達の考えを参考にすることは、自分の考えをまとめることに役に立っていると回答した生徒は75.4%と非常に多い。このことから、生徒同士が他者の意見を否定することなく、意見を交換する場を多く設けるとともに、リラックスして発表できる工夫を行う。

(3) 教材観

　生徒観にある課題を受け、本単元の指導においては、生徒が課題を見いだし、解決に向け主体的に考えたり、話し合ったりできる授業を構成する。

（ア）シンキングツール：ベン図（Google jamboard）

　　生物の細胞や生物の体のつくりとはたらきについて共通性や相違性という見方を養うために、ベン図を用いる。ベン図は分類し、仲間分けするだけでなく、共通する事象も見つけやすい。本単元では、共通することや異なることを画面上、指で操作することで植物と動物を比較する考え方を深めていく。

（イ）生物のモデル

　　本単元の導入の際に既習事項を想起させ、植物や動物の構造や機能の共通性、相違性に着目しやすくする。また、これらのモデルを用いることで、次章以降の内容に見通しをもたせる指導を行う。

5 単元の指導計画と評価計画（全4時間）

時	目標	学習内容・学習活動	評価規準
第1時 （本時）	生物の基本的な体の構造や機能の共通点や相違点を考える活動から、単元全体の見通しをもつ。	・受精卵の大きさの穴の空いた画用紙を基に生命とは何かを考えることで単元の見通しをもつ。 ・動物と植物で共通点や相違点をベン図にまとめる。	ウ
第2時	顕微鏡の構造を理解し、顕微鏡を使った観察や基本操作を身に付けるとともに、顕微鏡の技能について互いに評価し、自身の技能の習得段階を振り返る。	・顕微鏡の構造と基本技能を実物と動画を見ながら学習する。 ・永久プレパラートを使って、観察したい生物を探す方法や視野の明暗を調節する方法、倍率に応じたピント合わせを練習し、相互評価する。	アー① ウ
第3時	細胞を観察するために必要なプレパラートの作成や顕微鏡を使った観察記録の取り方などの基本技能を身に付ける。	・植物と動物にはどのような違いがあるかを挙げる。 ・顕微鏡の基本操作を簡単に確認する。植物の細胞としてオオカナダモの葉を、動物の細胞としてヒトの頬の細胞をそれぞれ染色し、観察する。	アー② ウ
第4時	生物の細胞の観察を通して、動物と植物の細胞の共通性や相違性を見出して表現する。	・前時の実験の結果について、どのような構造が見られたかを挙げ、ベン図を使って植物と動物の細胞の共通点や相違点を考える。	イ

6 指導に当たって

　本単元を指導するに当たり、生徒の主体性の向上を目指すために以下の二つの工夫を図り、授業実践を行っていく。

(1) 自尊感情・自己肯定感を高める指導の工夫

　自尊感情を高めるために**「学習内容」**と**「指導方法」**に以下のような工夫を行う。

学習内容	指導方法
・自己の成長を振り返る学習 ・生命の尊さを考える学習 ・他者と協力することの大切さを学ぶ学習	・実験の技能について、相互評価シートを活用して自身の技能が向上していることに気付き、自信をもたせる。 ・相手の意見を適切に評価したコメントを付ける活動を通して、自分の考えを認めてもらうことで、自己受容を図る。
	・話し合い活動では、生徒の良い考えなどを褒め、学級全体に広げる。 ・実験の技能について、相互評価シートを活用し、互いの習熟に着目し、互いの努力したことを肯定的に認め合うとともに、認め合うことのよさを感じられるようにする。
	・自分と仲間の意見や考えを交流できる場面を設定する。

(2) 対話的な授業実践のための学習形態の工夫

　生徒の主体性を引き出すために、ダイヤモンド型机配置を行い、生徒の発言や生徒同士の話し合いを通して授業を進めていく。そのために、アイスブレイクや既習事項の確認のためのペアワークを組み込み、課題設定や課題解決、観察、実験のためのグループワークを多く取り入れる。

7 本時（全4時間中の第1時）

(1) 本時の目標

生物の基本的な体の構造や機能の共通点、相違点を考える活動から、単元全体の見通しをもつ。

(2) 本時の展開

時間	○学習内容・学習活動	・指導上の留意点・配慮事項	評価規準（評価方法）
導入 5分	○受精卵の大きさの穴が空いた画用紙を見る。 ○メインとなる問「生命とは何か」について考える。 ○本時の目標を確認する。	・ペアワーク	
目標：植物と動物のからだのつくりとはたらきを科学的に探究することについて、見通しをもとう！			
展開 40分	○物と動物の体のつくりとはたらきについて、具体的な名称を挙げる。 ○Google jamboard を使って、挙げられた項目を植物と動物に共通する物と異なる物に分ける。 ○自分の考えを Google スライドに貼り付ける。他の人の意見を見て、参考になった人のスライドにコメントを付ける。 ○他の人の意見を参考に自分の意見を再構成し、参考になったポイントをまとめる。	・生物モデルを示しながら、視覚的な支援を行う。 ・ベン図の説明をし、つくりやはたらきを共通点・相違点を基に分類する。 ・自分の出席番号の前後の人にはコメントをするように声掛けをする。 ・参考になったポイントのまとめ方として「○○さんの～がよかった」など、具体的に記述させる。	ウ （学習用PC） 【目標達成のための手立て】 机間指導を行い、個別に自分と他の人の考えを比べ、参考になる点を挙げるような声掛けをする。
まとめ 5分	○授業を振り返り、次回の授業内容を考える。	・振り返りシートに記入する。	

(3) 板書計画

授業は、黒板に Chromebook の画面を投影して進める。

(4) 授業観察の視点

本時の学習活動が、生徒の自尊感情や主体性を高めるものであったか。

自尊感情を高めるための参考資料の一部を紹介します。

○東京都教育委員会「子供の自尊感情や自己肯定感を高める指導資料」（基礎編 平成23年3月、発展編 平成24年3月）
○東京都教育委員会「自尊感情や自己肯定感に関する調査研究」（指導資料 令和3年度）
○鹿児島県教育委員会「仲間づくり　自尊感情を育むために」（人権教育指導資料 令和2年度）
○神奈川県教育委員会「自己肯定感を高めるための支援プログラム」（理論編 実践編　平成29年5月）など

中学校　第2学年　社会科学習指導案

1　単元名

地理「日本の諸地域　関東地方」

日時	：○○年○月○日（○）第○校時
学年・組	：第2学年○組（○○名）
指導教官	：○○　○○　印
授業者	：実習生　○○　○○　印
場所	：○○○○○○

2　単元の目標

①関東地方の地域的特色、それと関連する他の事象や、そこで生ずる課題について理解する。

②関東地方における人口の集中が成立する条件を、地域の広がりや他地域との結び付き、人々の対応などに着目して、他の事象やそこで生ずる課題と有機的に関連付けて、多面的・多角的に考察し、表現する。

③地域の広がりや他地域との結び付き、人々の対応などに着目しながら、関東地方に暮らす人々の生活に関心を持ち、より良い社会の実現を視野に地域的特色や地域の課題を主体的に追究する。

3　単元の評価規準

知識・技能【ア】	思考・判断・表現【イ】	主体的に学習に取り組む態度【ウ】
関東地方の自然環境や産業の特色を、人口の集中との関わりに着目しながら、地図や統計、分布図などから読み取り、人口集中と大都市圏の拡大にともなう課題を理解している。	関東地方に人口が集中する理由を、第3次産業の発達、他地域や海外との結び付き、自然環境の特色などに着目しながら、多面的・多角的に考察し、表現している。	関東地方について、より良い社会の実現を視野に、人口集中の視点から見た人々の生活や産業などの地域的特色を主体的に追究しようとしている。

4　指導観

(1)　単元観

日本を幾つかの地域に区分し、それぞれの地域についてその地域的特色をとらえることを目的とした「日本の諸地域」の学習である。この単元では、人々の暮らしや他地域との結び付き、産業などについて、人口や都市の様子に着目して追究させることで、過密・過疎の問題や大都市の課題などについて考えさせることをねらいにしている。その際、資料を適切に選択し、多面的・多角的な考察ができるように工夫する。

(2)　生徒観

生徒の多くは東京都出身で、9月の校外学習では都内見学を体験した。しかし、事後学習が不十分であったためか、前回の授業で行った基礎知識テストでは、山手線の駅名について、「東京」「池袋」「渋谷」の正答率は約8割であった。

(3)　教材観

地図の読み取りから都心部に集中する機関を確認することで、東京の機能を把握できる。また、地図帳の統計資料を活用すると、資料から読み取れる情報が多いことに気づき、社会的な見方を身に付けさせることができる。

5 年間指導計画における位置づけ

月	4	5	6	7	9	10	11	12	1	2	3
地理	日本の姿	世界から見た日本の姿		日本の諸地域①沖縄・九州	②四国、山陰・山陽	③近畿④中部	⑤関東⑥東北	⑦北海道	身近な地域の調査		

6 単元指導計画と評価計画 （全6時間）

時	ねらい	学習内容・学習活動	学習活動に即した具体的な評価規準 （評価方法）
1	地図や景観写真、雨温図などを活用して関東地方を概観し、自然環境や人々の生活の基本的な特色を理解する。	・地図帳を見ながら白地図に関東地方の地形や気候を書き込む。	・ア （ノート） ・ウ （白地図）
2 （本時）	さまざまな資料を活用して日本や世界における東京の役割を考える。	・数種類の資料から都心部の特徴を読み取り、首都の機能について考察する。 ・グループ活動を通して考えを深め、発表する。他グループの発表を聞いてさらに考えを深める。	・ア （付箋・ワークシート） ・イ （発表・ノート）
3	人口が集中することによって発展した産業の特色を考えるとともに、サービス業や商業が盛んな理由を人口や交通網との関わりから考える。	・過密地域の課題と解決策を考え、グループ活動を通して分析を深める。	・イ （発表・ノート） ・ウ （発言・ワークシート）
4	人口が集中することによって発展した産業の特色を考える。	・東京都に集中する産業を資料から読み取り、各産業の特色をグループで考え、ワークシートにまとめる。	・ア （ワークシート） ・イ （発言・ノート）
5	関東地方の工業の発展や移り変わりを人口の特色に着目して考える。	・京浜工業地帯と北関東工業地域の特色を理解し、人口の変化との関連性についてグループ活動を通して考察を深めワークシートにまとめる。	・ア （ノート） ・イ （発言・ノート）
6	大消費地と深く関連する関東地方の農業の特色や山間部の過疎問題について考える。	・近郊農業についてまとめる。 ・過疎地域の課題と解決策を考え、グループで考えを深めた後、発表する。	・ア （発表・ノート・テスト） ・ウ （発言・活動）

7 本時の指導 （全6時間中の第2時間）

（1）目標

　人口やさまざまな機関が集中することに着目しながら、日本や世界における首都東京の機能を多面的・多角的に考察し、適切に文章に表現し、発表する。

(2) 展開

	学習内容	指導上の留意事項・配慮事項	学習指導に即した具体的な評価規準（評価方法）
導入5分	・本時の目標を把握する。 **首都東京はどんな機能を果たしているのか考えて、発表する。** ・9月の校外学習で乗った都心に向かう電車の混雑状況を思い出す。 ・都心に集中する人を把握する資料はどこにあるか探す。 ・昼間人口と夜間人口の違いのグラフを読み取る。	・教科書の図が、昼間人口と夜間人口を比較できる資料であることに気づかせる。 ・人が集中する都心では日中どのような活動が行われているのかという点から考え始めさせる。	
展開40分	○社会を分析するための分野について知る。 ・社会を分析する上で有効な分類を知る。 政治・経済・教育・文化・情報・交通・観光・娯楽 ・地図から、グループごとに自分たちの分野の施設・機関を拾い上げる。 ・個人で見つけた施設・機関を出し合い、その分布について特徴を考える。 ・施設・機関はどのような役割を果たしているのか考える ○都心部に集まる施設・機関の機能を文章にまとめる。 ○グループの考察を全体に発表する。	・今回は教師が分類を提示して社会的な考え方の枠組みを学ばせる。 ・希望する分野をグループで考えさせ、グループの代表者に調整させる。 ・付箋を1人3枚ずつ配り、施設・機関名を書かせる。 ・はじめは個人作業とする。 ・1グループ4人で8グループとする。 ・個人作業→グループで相談 ・分布と機能の関連性に気づかせる。 ・グループ全員の気づきを文章に盛り込む。 ・施設・機関の分布と機能を文章にまとめ、プレゼンテーションソフトで要点のみ見出し的にまとめさせる。 ・発表者がタブレットパソコンで発表する。発表者は前回の授業で発表した生徒の次の順番の生徒とし、1人2分以内で発表する。	・ア（付箋・ワークシート）担当する分類の機関を3つ以上、地図から見つけ書き出している ・イ（ノート）施設・機関の役割を2つ以上、自分の言葉で書いている ・イ（プレゼンテーション資料・発表）施設・機関の分布と機能を多面的・多角的に考察し、まとめている

展開 40分	○各グループの発表を総合して都心部の機能を文章にまとめる。	・他のグループの発表を聞き、個人で気づいたことをワークシートに記入するように指示する。 ・東京はどのような機能を持っているのかを概観できるように視野を広げさせる。 ・個人作業（考えを深める時間なので時間を十分に取る）	
まとめ 5分	○首都東京の機能についてまとめた個人の発表を聞く。	・生徒の発言を取り入れてまとめる。 ・日本の政治、経済、文化、交通の中心であり、国内外から人、物、資金、情報が集まっていることに気づかせる。 ・新しい文化の発信地であることにも触れる。 ・本時の課題に対しての振り返りを記入させる。	

（3）板書計画

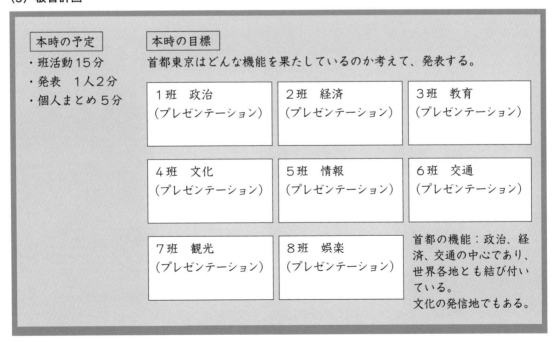

（4）授業観察の視点

○目標を達成するために設定した班活動は適切であったか。

○生徒は主体的に考えていたか。また、深める時間が十分に確保できていたか。

○展開終盤の発表は、聞いている生徒が考えを深める発表になっていたか。

中学校 第3学年 保健体育科（体育分野）学習指導案

1　単元名

体つくり運動（体ほぐしの運動）

日時　　：○○年○月○日（○）第○校時
学年・組：第3学年○組（○○名）
指導教官：○○　○○　印
授業者　：実習生　○○　○○　印
場所　　：○○○○○○

2　単元の目標

①心と体の関係に気づき、体の調子を整えたりすることの意義等を理解し、体を動かす楽しさや心地よさを味わうとともに、健康や体力の状況に応じて体力を高める必要性を認識し、学校生活全体や実生活で生かす。

②体の動きや心と体の状態などに気づき、自己の課題を発見するとともに、課題解決に向けた合理的な運動の内容や方法を考え、仲間と話し合いながら運動に取り組む。

③仲間との学習を通じて、主体的で意欲的な学習態度を身につけ、一人一人の動きや強さなどに違いがあることを理解し、互いに認め合い、助け合いながら運動に親しむ。

3　単元の評価規準

ア　知識・技能	イ　思考・判断・表現	ウ　主体的に学習に取り組む態度
○体を動かす楽しさや心地よさを味わい、運動を継続する意義や体の構造および運動の原則などを理解している。 ○健康の保持増進や体力の向上を目指し、目的に適した運動の計画を立て取り組むことができる。	○実生活に生かす運動の計画を作るために、自己や仲間の課題を発見し、既習事項の知識や技能を活用して学習課題への取り組みを工夫している。 ○自分や仲間の課題の発見や解決に向けて考え、その考えを仲間に分かりやすく説明している。	○体つくり運動に自主的に取り組むとともに、互いに助け合い教え合おうとしている。 ○一人一人の違いに応じた動きなどを尊重し、話し合い活動に貢献しようとしている。 ○用具の使用や場所の安全を確認しながら運動を行い、自分や仲間の体調や体力に応じて段階的に健康・安全を配慮しようとしている。

※単元における各観点の評価規準は、学習指導要領の内容および単元の目標を踏まえ、内容のまとまりごとの評価規準として「おおむね満足できる」状況を示している。

※1単位時間で行う評価は、毎時間3観点を位置づけるのではなく2観点に留めるなど、評価のための授業にならないように留意する。

4　指導観

(1) 単元観

　「体つくり運動」は、「体ほぐしの運動」と「体の動きを高める運動」で構成され、体を動かす楽しさや心地よさを味わい、運動を行ったり健康を保持したりするための行い方を知り、生活習慣の改善も含めて休憩時間や運動部の活動、家庭などで生かすことができるようにする。

　特に「体ほぐしの運動」では、その運動から何を学んだのかを生徒から引き出すとともに、運動前と運動後の気持ちや運動中の心と体の変化を聞いたり、自分や友達の心と体について注目するよう意識させたりする。また、「体力を高める運動」では、その意義や必要性などを理解させるとともに、楽しく意欲的に取り組むことができるにようにする。

(2) 生徒観

　中学校第3学年において男女共に心身の成長が著しい時期であることや個人差も大きいことなどに配慮する必要がある。また、思春期特有の心身のバランスを整えるとともに、男女が互いに認め合い、助け合う活動を工夫し、相互理解ができるように配慮する必要がある。

(3) 教材観

　「体ほぐしの運動」では、「のびのびとした運動」や「リズムに乗って心が弾むような運動」、「仲間と動きを合わせる運動」、「集団で挑戦するような運動」などを組み合わせて取り扱う。また、「体の動きを高める運動」では、「体の柔らかさ」、「巧みさ」、「力強さ」や「持久性」を高める運動などを組み合わせて取り扱う。

5　単元指導計画と評価計画 (全7時間)

回	学習のねらい	学習内容	指導上の留意点	評価・備考
1	オリエンテーション	○本単元全体の学習の見通しをもつ。 ○学び方や決まりなどを確認する。	○心と体と関連性や実生活に生かすことや安全に配慮して運動ができるようにすることを重視する。	ア
2 本時	○体ほぐしの運動 ○体の動きを高める運動	〔体ほぐしの運動〕と〔体の動きを高める運動〕のねらいを理解し、仲間と共に話し合いながら運動を組み合わせ、実生活に生かせるよう課題解決に取り組む。 〔体ほぐしの運動〕 ○一人でのびのびと体を伸ばしたり、用具を用いたりして心地よさを体感する。 ○二人一組で力を出したり、緩めたりしながら、楽しさを体感する。 〔体の動きを高める運動〕 ○体の柔らかさや巧みさを体感する。 ○仲間と動きを組み合わせて楽しみながら、柔軟性や巧緻性を養う運動を作る。	〔体ほぐしの運動〕 ○心と体の関係に気づかせたり、体の調子を整えたりすることの意義を理解させる。 〔体の動きを高める運動〕 ○4つの運動(柔らかさ、巧みさ、力強さ、持続性)を理解させ、仲間と協力して運動の楽しさや組み合わせの工夫を学ばせる。 ○運動の質や量をバランスよく配列し、自分や仲間の心や体の状態に気づき、運動の楽しさや合理的な運動の組み合わせを考えさせ、伝え合うことができるようにする。	ア
3				
4				イ
5				ウ
6				
7	○発表会	○運動の心地よさを実感し、体の動きを高める運動の組み合わせを発表する。	・発表内容に対する意見や感想などを伝える方法や場を工夫する。	イ

※課題解決の過程においては、健康や安全に配慮し、実生活に生かすことを目指させる。
※評価は1単位時間の目標や内容に応じて評価の観点を重点化するなどの工夫をする。

6　本時の指導 (全7時間中の第2時間)

(1) 題材

　体つくり運動－体ほぐしの運動の理解－

(2) 目標

①体ほぐしの運動の意義を理解する。

②体ほぐしの運動の基本的な動作を身に付ける。

③仲間と共に課題解決を図っていくプロセスを理解する。

（3）展開

時間	学習内容	生徒の活動・指導上の 留意点・教師の支援	評価・備考
導入 8分	○あいさつ ○準備運動 ○体つくり運動についての学習目標を整理・確認する。 ○本時の目標と学習の見通しを把握する。	○あいさつの意味を知らせるとともに、明るく元気なあいさつにより学習への場面転換を促し、学習活動への意識を高める。 ○アップテンポの音楽に合わせて、リズムに合わせて体を動かしながら準備運動をする。 ○準備運動を通じて、リズミカルな運動により、気持ちも高揚することを理解させるとともに、運動の楽しさを味わわせるために、みんなの気持ちがまとまることの大切さに気づかせる。 ○本時の目標をワークシートで確認し、学習活動への見通しをもたせる。	・あいさつの意義を理解し、あいさつをする。 ・学習課題に意欲的に取り組むようにする。
展開 39分	〔体ほぐしの運動：全体〕 ○体ほぐしの運動の基本的な動きを理解する。 ○リズミカルな動きや運動の仕方を理解する。 〔体ほぐしの運動〕 ①個人ワーク ○体を伸ばしたり、縮めたりする具体的な動作や動きを考える。 ○リズミカルに走ったり飛んだりする具体的な動作や動きを考える。 ②ペアワーク ○個人で考えた動作や運動を互いに伝え合いながら、運動を試してみる。 **身に付けさせたい** **知識・技能** 1　心と体の関連性を理解させる。 2　心地よい運動に気づかせ、具体的な運動や運動の組み合わせができるようにする。	〔体ほぐしの運動：全体〕 ○BGMを活用し、基本的な動きを示範しながら体を伸ばしたり、縮めたりする動きを行わせて運動そのものの心地よさなどを体感させる。 ○BGMを活用して、走ったり飛んだりしながらリズミカルな動きを行わせるなどして、運動の楽しさなどを体感させる。 留意点：BGMの有無や曲調・テンポを工夫し、動きと心や気持ちのあり方などとの関連等を実感できるよう工夫する。 〔体ほぐしの運動：個人ワーク〕 ○全体で行った体ほぐしの運動を基にして、自分が心地よいと感じることができる運動を考える。 ○リズミカルな動作や動きの組み合わせを考える。 留意点：運動の心地よさや楽しさに着目させ、運動負荷を大きくさせない。 〔体ほぐしの運動：ペアワーク〕 ○個人ワークで考えた動作や動きを伝え合い、試し合わせることにより、運動の心地よさや楽しさを実感できるようにするための課題を発見させる。 ○リズミカルな運動について、同様にする。 留意点：自分が考えた動きを言語化して相手に分かりやすく伝える工夫をさせる。	**イ**　体ほぐしの運動の意義を理解し、個人や仲間の課題を発見して、課題解決に向けた合理的な運動の仕方を考えている。（ワークシート）

○課題を発見し、心地よい運動や楽しさを実感できるよう課題解決を目指し、ペアで体ほぐしの運動を考え、作成する。	○相互の動作や運動を試し、運動の心地よさや楽しさを実感できるようにするための動作や動きの組み合わせなどを考えさせ、「ペアとしての体ほぐしの運動」を作成させる。 **留意点**：ペアワークを通じて、情報の共有化とともに、多様な考えがあることに気づかせる。	**イ** 実生活に生かすことができるような「体ほぐしの運動」を考えている。（ワークシート）
○学習内容のまとめと学習活動に関する自己評価を行う。	○体ほぐしの運動の意義を理解し、運動を作ることができたか。 ○個人ワークやペアワークなどに意欲的に取り組もうとしていたか。 ○体の動きを高める運動を考えることを伝え、学習活動への見通しをもたせる。	**ウ** 学習活動を振り返り、学んだ内容や新たな気づきなどをワークシートに記入している。（ワークシート）
まとめ **3分** ○次時からの予定を把握する。		

※1・2学年での既習事項を思い浮かばせるとともに、指導者自身が「体ほぐしの運動」の意義や楽しさを体現する。
※ワークシートやノートを工夫し、学びの記録化ができるようにする。
※BGMを効果的に活用する。

（4）準備するもの等

○ワークシート等（学習内容の記入や自己評価を蓄積できるポートフォリオ形式の工夫）

○タンバリン、笛、音源、CDプレーヤー等

○タイマー、ストップウオッチ

（5）板書計画（移動式ホワイトボードで示す）

| 本時の目標 |

○本時の目標
①体ほぐしの運動の意義を理解する。
②基本的な動作を身に付ける。
③仲間とともに課題解決を図っていく
　プロセスを理解する。

○学習の進め方
①個人ワーク
　「体ほぐしの運動」を考えて作る。
②ペアワーク
　「体ほぐしの運動」を共有化する。

〔体ほぐしの運動を考えるポイント〕
1　心地よいと感じる動作や運動
2　運動の負荷を大きくしない。
3　BGMを活用する。

○まとめ
①体ほぐしの運動により、心と運動の関係を
　実感できたか。
②ペアワークで体ほぐしの運動の基本動作を
　考え、作ることができたか。

高等学校 第1学年 保健体育科（保健）学習指導案

1　単元名

現代社会と健康

日時　　：○○年○月○日（○）第○校時	
学年・組：第1学年○組（○○名）	
指導教官：○○　○○　印	
授業者　：実習生　○○　○○　印	
場所　　：○○○○○○	

2　単元の目標

①健康の捉え方の変化や健康の保持増進に必要な意思決定、行動選択、環境づくりについて理解する。

②健康の保持増進や健康的な社会生活のために課題を発見し、課題解決の具体的な方法を考え、判断し、説明する。

③健康を適切に管理することや環境を改善することの重要性を認識し、課題解決に向けた学習に意欲的に取り組む。

3　単元の評価規準

ア　知識・技能	イ　思考・判断・表現	ウ　主体的に学習に取り組む態度
○健康の考え方は、国民の健康水準や疾病構造の変化に伴って変わっていることや、健康の保持増進にはヘルスプロモーションの考え方を踏まえた適切な意思決定や行動選択及び環境づくりが関わることを理解している。	○健康を保持増進するための課題解決を目指して、資料を活用した課題発見や課題解決の方法を説明している。また、学習内容と個人や社会生活など、さまざまな事例を比較分析して、筋道を立てながら考え、判断し、それらを説明している。	○健康を保持増進するために自らの健康を適切に管理することや環境を改善していくことの重要性を意識しようとしている。また、今日的な健康課題に気づき、課題解決に向けた話し合いや意見交換に意欲的に取り組もうとしている。

※単元における各観点の評価規準は、学習指導要領の内容及び単元の目標を踏まえ、内容のまとまりごとの評価規準として「おおむね満足できる」状況を示している。

※1単位時間で行う評価は、毎時間すべての観点を位置付けるのではなく、目標や内容に応じて観点を設定する。評価のための授業にならないように留意する。

4　指導観

（1）単元観

　現代社会と健康について、「健康の考え方や疾病構造などが変化してきていること」、「生活習慣病などの予防に関すること」、「喫煙・飲酒が健康に影響を与えること」、「ストレスに適切に対処すること」などの身近な題材を取り上げ、一人一人が健康に関して深い認識をもち、自らの健康を適切に管理することや行動選択ができるようにする。また、環境を改善していくことの重要性にも触れ、次年次への学習につなげることとする。

（2）生徒観

○生徒自身が健康や健康的な生活について当事者として考え、実感する機会は少ない。

○現在の生活習慣や嗜好などが及ぼす健康への影響などを考慮した生活行動を見直す機会も少ない。

（3）教材観

　保健は、生徒が健康・安全の問題を認識するとともに、科学的な考えに立ち、健康課題や生活環境の改善に向けて、主体的に取り組むことができる資質や能力を育成することが重要である。そのため

には、健康の保持増進や生活習慣病の予防などについての基本的な事項を理解し、健康的な生活を送るための課題解決を図ることができるようにし、健康的な生活行動や健康的で安全な社会環境づくりなどを担う人材を育成することを目指す。また、入学間もない時期にグループ学習を活用することにより人間関係づくりにも結びつけたい。

5　単元指導計画と評価計画（全12時間）

回	学習のねらい	学習内容	指導上の留意点	評価
1 2 本時	○「現代社会と健康」の学習の進め方を知る。 ○グループワークの進め方や発表のまとめ方を知る。 ○現代社会の健康課題等を概括的に理解する。	○オリエンテーションにより、単元の学習目標や学習内容・方法等を把握する。 ○今日的な健康問題の背景や要因等を概括的に理解する。 ○学習課題への関心を高める。	○教科書に加え、統計資料やICTを活用した映像資料等を活用し、学習への動機づけを高め、グループワークへの見通しをもたせる。	ア ウ
3 4 5 6	○現代社会における健康問題の特徴や生活行動との関連性、改善策を考察し、健康的な生活のあり方を考える。 ①健康の考え方 ②疾病の予防 ③精神の健康	○学習課題ごとに2グループで課題を把握するとともに、対応策や改善策を調査研究する。 ①ア健康の考え方の変遷 ①イ疾病構造の変化 ②ア生活習慣病 ②イ飲酒と喫煙 ③ストレスと耐性 ○発表資料を作成する	○学習課題に関する主な調査研究内容を提示し、調査研究活動を支援する。 例②アについての提示内容 Q1 生活習慣病とは何か？ Q2 生活習慣病の要因と生活行動との関連性 ○調べ学習や発表資料の作成にICTを活用する。	ア イ
7 8 9 10 11	○グループワークの成果を発表して情報や学習内容の共有化を図る。 ○発表の仕方や工夫点を学ぶ。	○調査研究結果の発表・質疑応答（1単位時間1課題2グループ）発表時間：20分 ○事前に提示された調査研究内容＋αの発表を心がける	○発表内容の共有化とともに、自分たちと異なる新たな視点に気づかせ、多様な考え方等があることを学ばせる。	ア イ
12	○学習課題の発表内容を整理し、理解を深め、学習内容を評価する。	○調査研究や発表活動で学んだことをまとめる。	○身に付けてほしい知識理解を深め、生活行動への自覚を促すことを重視する。	イ ウ

※ICTの活用やワークシートによる学習内容の蓄積と整理を行わせ、発表に結びつける。

6　本時の指導（全12時間中の第2時間）

（1）題材

　現代社会と健康　－健康の考え方－

（2）目標

①現代社会の健康課題等を概括的に理解する。

②身近な健康問題に気づき、課題を発見して、課題意識を高める。

③自らの生活行動や生活習慣を振り返り、生活改善策等を理解する。

(3) 展開

時間	学習内容	生徒の活動・指導上の 留意点・教師の支援	評価・備考
導入 10分	○あいさつ ○これまでの学習の振り返り、健康に対する認識や健康に対する考え方を整理する。 ○本時の目標と学習の見通しを把握する。	○あいさつの意味を知らせるとともに、明るく元気なあいさつにより学習への場面転換を促し、学習活動への意識を高める。 ○発問により、健康の考え方を意識させる 発問：「自分の健康を意識するのは、どのような時や場面ですか？」 予想される応答例「病気になった時」「健康診断の場面」 ○応答の内容を整理し、同じ場面や感じ方に違いがあることを理解させる。 ○本時の目標を板書とワークシートにより確認し、学習活動への見通しをもたせる。	・あいさつの意義を理解し、あいさつをする。
展開 35分	・今現在の健康状態を把握する。 ・健康状態を把握する方法の一つとして脈拍を測定する。 **身に付けさせたい知識・技能** 1 脈拍は個人や性別によって差がある。 2 中高生は概ね1分間に50～100回 3 成人男性の心拍数は1分間に65～70回 4 成人女性の心拍数は1分間に70～80回 ○ワークシートを活用し、現代社会における代表的な健康問題についての気づきや基礎的な知識を身に付ける。 ○ペアワークにより、健康問題に関する考え方等をペアで共有化する。 ○ペアワークの内容を発表して、情報の共有化と多様な考えがあることに気づく。	○健康のバロメーターにはどのようなものがあるのかを考えさせる。 発問：「自分の健康状態を把握するためにはどのような方法がありますか？」 予想される応答：「食欲の有無」「体重の増減」「睡眠時間」等々 ○自分の健康状態を把握する方法として1分間の脈拍を知る。 (橈骨動脈で30秒測定し、回数を2倍する。) ○脈拍の基準値、個人差や性別差があることを周知する。 ○体育理論の運動やスポーツの効果的な学習の仕方や体つくり運動とも関連させ、心拍数と健康との関連性なども学ばせる。 ○ワークシートの統計資料から我が国の健康水準や疾病構造の変化の状況に気づかせ、発問により要因を考えさせる。 発問：「我が国の平均寿命や平均余命はどのように変化していますか？」 発問：「我が国の死亡原因に変化がみられる時期はいつ頃で、その要因としてどのようなことを考えることができますか？」 指示：「自分の考えをワークシートにまとめましょう。時間は8分です。」 ○ペアワークにより、考えを共有させる。 指示：「自分が考えたことを隣に伝え合い意見を交換をして、二人の考えをまとめてください。時間は5分です。」 ○机間指導により、ペアワークの状況を把握し、生徒の考え方（栄養状態の向上、公衆衛生の改善、医学や医療の進歩）や気づき（疾病構造の変化と生活習慣との関係）を把握する。 ○机間指導で把握したことを踏まえ、複数のペアを指名し、話し合った内容を発表させる。	**ウ** 統計資料等を活用し、自ら進んで学習課題を把握しようとしている。 （ワークシート）

身に付けさせたい知識・技能		
身に付けさせたい 知識・技能 1 健康水準が高まった要因として、 ①栄養状態の向上 ②公衆衛生の改善 ③医学や医療の進歩 があること 2 死亡原因には、遺伝的な要素と生活習慣が関係していること		
○健康状態と健康に影響を及ぼすと思われる自らの生活行動を振り返り、健康に対する意識を高める。	○健康に影響を及ぼす日常の生活行動を振り返り、健康の保持増進に対する意識を高める。 指示：「日常の生活において、健康に配慮している行動をワークシートに記入しなさい。時間は３分です。」	**ア** 自らの生活行動に関心をもち、健康課題との関連性に気づいて記入している。 （ワークシート）
まとめ **5分** ○学習内容のまとめと学習活動に関する自己評価を行う。 ○次時からの予定を把握する。	○現代社会における代表的な健康問題についての健康水準や疾病構造の変化の関係性とその要因などを理解できたか。 ○現代的な健康問題に気づくことができたか。 ○健康問題と生活行動との関連性に気づくことができたか。 ○ペアワークや発表活動などに意欲的に取り組もうとしていたか。 ○グループワークの進め方や学習課題を事前に示し、学習活動への見通しをもたせる。	

（4）準備するもの等

○ワークシート（学習内容の記入や自己評価を蓄積できるポートフォリオ形式の工夫）

○我が国における平均寿命や平均余命の推移などの統計資料（厚生労働白書、国民衛生の動向）

○ＩＣＴ機器（ＰＣ、タブレット端末、プロジェクター等）

○タイマー、ストップウオッチ

（5）板書計画

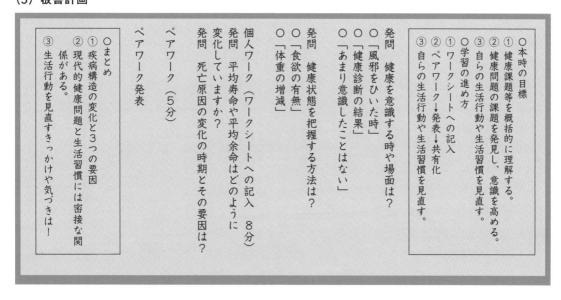

特別支援学校（知的障害）小学部第2学年 算数科 学習指導案

1　単元名

1～5までのかず

日時　　：○○年○月○日（○）第○校時
学年・組：小学部第2学年○組（○名）
指導教官：○○　○○　印
授業者　：実習生　○○○○　印
場所　　：○○○○○○

2　単元の目標

①具体物をブロックなどの半具体物と対応させ、同じ集合について理解する。

②5までの数詞を知り、5までの数量を確実に数える。

③5までの数の読み方、書き方、数字は数量を表す記号であることを理解する。

④5までの数の大小を理解する。

3　単元の評価規準

ア　知識・技能	イ　思考・判断・表現	ウ　主体的に学習に取り組む態度
①0～5の数について、「れい」～「ご」と言い、「0」～「5」と数字で表すことを理解している。 ②0～5の数の大きさを理解し、数え方、読み方、書き方を理解している。 ③身の回りから5以下の数のものを探したり、数を用いて表すことができる。	①ものの個数を正しく数えたり表したりしようとしている。 ②0～5の数について、数えたり、読んだり、数字で示された数を具体物や半具体物等に置き換えたりすることができる。	①具体物の集合に半具体物を対応させることを通して数量の同じ集合に着目しようとしている。 ②進んで身の回りのものを数えたり、数を用いて表したりしようとしている。

4　指導観

(1)　単元観

　前単元では、身の回りにあるものの形や色に違いがあることに気づき、日常生活で目にするものの形や大小、色などに興味をもち、形や色の弁別ができるようになってきた。また、1つの属性から2つの属性で弁別できるようになってきた。量については数値化はできないが、大きい・小さい、多い・少ない、長い・短いなどの簡単な直接比較ができている。給食の準備等において食器等の具体物を対象としてとらえ、1対1対応、ある・ないが具体的な経験を通して分かってきた。

　本単元では、5までの範囲で個数を正しく数えたり、数詞を正しく唱えたりするなどの学習や生活の場面でもものの数に関心をもたせたい。決められた数の具体物を取ったり、配ったりできるなど数の素地を養いたい。

(2)　児童観

　本学習グループの児童は、2年生5名で構成されている。グループの児童は、友達の人数や時計の数字、カレンダーの日付などを読んだり、数えたりすることは日常的に経験している。また、出席簿順に並んだり、学校からのさまざまなプリントを友達のボックスに1枚ずつ配ったり、給食準備ではトレーにスプーンやパンなどの配膳が間違えずにできるなど、算数の授業以外にも算数的な要素を無意

識のうちに使っている。具体物や半具体物を５まで数えられるが、場面や対象などが普段の活動と異なると、数え間違いや数えることに消極的になってしまう。そこで、日常生活で数を活用できるようになるために、５までの数概念を身に付け、数に対する興味・関心がもてるようにしたいと考えている。

（3）教材観

　本単元で扱う５までの数は、学校生活の中で日常的に具体物の操作などを通して経験している。児童たちにとって身近な内容である具体物などの操作や「いすとりゲーム」「おはじき」など遊びの活動を盛り込みながら、自然な形で数の理解ができるようにする。そして、どの活動も５までの集合数と順序数の遊びを中心にしながら、具体的なものの数と数字が結びつけられるようにする。さらに、５までの数の合成と分解についても、楽しみながら理解が深められるようにしたい。そのために具体物や絵カード、タイル（半具体物）、数字カード（１、２、３等）、読みカード（いち、に、さん等）等をお互いに結びつけるなど、視覚的に把握しやすくなるように教材を工夫する。

5　単元指導計画と評価計画（全9時間）

時	学習のねらい	学習内容	指導上の留意点	評価
1	○身の回りの数量に関心をもち、観点に応じてものをまとめる。	・色、形の弁別→復習 ・１対１対応→復習 ・同じものに着目し、５までの集合を作る。 ・ワークシートに書き込む。	・色、形の弁別はマグネットシートを作成し、大きさは大中小３種。 ・子どもたちにとって身近なもの、動物や花のマグネットを作成し、興味関心をもたせる。	ア－①
2	○対応の操作をブロックなどに置き換えて個数を比べることができる。	・子どもと帽子を線で結び、数量の比較をする。 ・集合数の数をブロックなどに置き換えて１対１対応させ、数量を比較する。	・最初は実物で行うことで意欲をもたせ、その後マグネット教材で行う。 ・ワークシートを作成し、正しく数えるため指さしや数唱をしながらブロックなどの半具体物を数える。	ア－① イ－① ウ－①
3 4 **本時** 5	○１～５までの数え方、読み方、書き方を理解する。	・具体物の集合と半具体物（ブロック）を対応する。 ・数量の同じを理解する。 ・集合の大きさを「いち」～「ご」と言い、１～５と数字で表すことを理解する ・１～５までの数の大きさを理解し、数字の書き方を知る。 ・具体物をブロックや数字で表す。 ・数字で表されたものをブロックや絵で表す。	・具体物や絵カードなど身近なものを通して、数量に対する関心をもたせる。 ・対応の操作やおはじきなどの具体物等を使って個数を比較することができる。 ・いろいろなパターンで行い、学習の定着を図る。（具体物→半具体物、半具体物→具体物、３→具体物３個、さん→半具体物３個） ・子どもの学習課題を踏まえ、その子どもに即した課題を設定するなどして意欲をもたせる。	ア－① ア－② イ－① イ－②
6 7	○０の意味、読み方、書き方を理解する。	・いすが１脚ずつ減っていく様子を見て、ないことを「れい」と言い、０と書くことを知る。 ・輪投げをして、１つも入らなかった時、「０」であることを理解する。	・いす取りゲームを通して、数が１ずつ減るなど興味・関心をもたせる。 ・輪は、自分たちで作成。意欲をもたせ、表などに記入する。 ・数の合成、分解は本単元では深入りはしない。	ア－② イ－②
8 9	○身の回りのものから５以下の数のものを探すことができる。	・学校の中から、１～５までの数や集合を探す ・みんなで発表し合う。	・学校内を探索するので、事前に職員の了解を取り、ルールやマナーを守って行動するよう指導する。	ア－③ イ－① ウ－②

※１～５までの内容については、数える対象物や場面を変えながら、繰り返し行う。
※具体物⇔半具体物⇔数字。
※一人一人の子どもの学習状況に応じて一斉指導、個別指導等を行い、学習の定着を図る。

6 本時の指導（全9時間中の第4時間）

（1）題材

なかまをあつめよう（いくつかな）

（2）目標

①同じ動物、花、果物などに着目して、5までの数の集合をつくる。

②1～5までの数の数え方、読み方、書き方を理解する。

（3）展開

時間	学習内容	学習活動	指導上の留意点	評価・備考
導入 10分	○あいさつ ○課題を知る 「なかまをあつめ、いくつなのか数える」	○始まりのあいさつをする ○犬や猫、ウサギなど身近な動物の絵カードを黒板にはる。 ○りんごやみかん、バナナなど身近な果物の絵カードを黒板にはる。 ○次に花の絵カードを黒板にはる	○学習の始まりのあいさつを元気よく行うようにする。 ○動物・果物・花の絵カードを5種類、5枚ずつ準備する。 ○黒板にはる枚数は、毎回かえる。	・絵カード（動物・果物・花）
展開 33分	○動物、果物、花の絵カードをまとめる ○絵カードの数唱 ○ブロックの数唱 ○ブロックと絵カードの一致 ○1～5の数字カードの一致 ○いち～ごの文字カードの一致 ○振り返り	○動物、果物、花の絵カードを同じ数ごとに集める。 ○エリアごとの絵カードの数を全員で数唱する。 ○自分が選んだ絵カードの枚数を一人ずつ数える。 ○1～5までのブロックを数唱する。 ○絵カードとブロックのマッチングをする。全員で数唱する。 ○1～5までの数字カードをブロックとのマッチングをする。 ○全員で読む。 ○いち～ごまでの文字カードと数字カードとのマッチングをする。 ○全員で読む。 ○1～5までの数を指さしと数唱で数え、ワークシートにまとめる。 ○本時で学んだ課題を解く。（各カードを線で結ぶ）	○同数のカードごとにエリアを決め、エリアごとに黒板にはる。 ○読む際は、指さしをしながら数唱する。全員⇔個人 ○1～5までのブロックカードをはって階段をつくる。全員⇔個人 ○1～5までの数字カードをはる。全員⇔個人 ○1～5までの文字カードをはる。絵カード、ブロック、数字、文字カードの順に並べる。 ○学習の定着のために、次時も同じ学習を発展的に行う。	・ブロックカード（タイル）。 ・数字カード（1～5）。 ・文字カード（いち～ご）。 イー① 具体物などのものの個数を正しく数えている。 アー① 数量が同じということが分かっている。 アー② 具体物、半具体物、いち～ご、1～5の大きさを理解し、数え方、読み方、書き方が正しく理解できている。
まとめ 2分	○次時の予告 ○あいさつ	○課題の確認を行う。 ○次時の学習への意欲を高める。 ・終わりのあいさつをする	○一人一人の課題に意欲的に取り組めるような言葉をかける。	

（4）準備するもの等

○絵カード（動物＝犬・猫・ウサギ・パンダ・象、果物＝りんご・みかん・バナナ・すいか・ぶどう、
　花＝チューリップ・スイセン・菊・パンジー・キンセンカ）

　※絵カードは、子どもたちが好きなキャラクター、季節、地域等の特性を踏まえ興味・関心がもてるものを作成する。

○ブロック（タイル：□・□□・□□□・□□□□・□□□□□）

○文字カード（いち・に・さん・し・ご）

○数字カード（1・2・3・4・5）

　※カード類は、全て裏にマグネットをはり、黒板にはれるようにする。

（5）板書計画（展開の後半における板書）

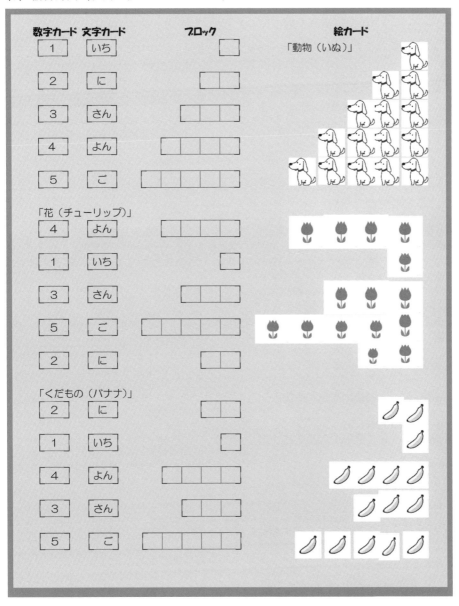

学習指導案⑨　小学校・算数

1時間の授業の目標・構成・指導方法の工夫を示し、授業改善のポイントを分かりやすくまとめたもの。

小学校 第2学年 算数科 学習指導案（本時案・略案）

必要最小限の項目のみ2行程度で記入

第2学年○組　○○年○月○日（○）第○校時（2年○組教室）
指導教官：○○ ○○　印　　授業者　：実習生　○○○○　印

1　単元の概要

単元（題材）名・教材名	4けたの数　1000よりおおきい数をしらべよう
目　標	10000までの数について、その意味や表し方を理解し、数の概念についての理解を深めるとともに、数を用いる能力を一層伸ばす。
評価規準　ア　知識・技能	○相対関係を不等号や等号を用いて表している。 ○4位数の数の読み方や表し方、数の構成や大小・相対的な大きさを理解している。
イ　思考・判断・表現	○十進位取り記数法で考え表現し、数を相対的大きさでとらえている。
ウ　主体的に学習に取り組む態度	○身の回りにある数に関心をもち、十進位取り記数法の良さに気づいて、計算の仕方に活用しようとしている。
単元指導計画	〈全11時間〉 第1時（本時）　絵を見て2354個の1円玉を工夫して数え、数の構成と命名法を知る。 第2時　1円玉の数を数字で書き表す方法を考え、記数法と「千の位」を知る。 第3時　2036を表すカードを見て、数字で書き表す。4位数を読んだり書いたりできる。 第4時　位取り板と数カードを使い各位の数を読み取ったり、4位数カードで表したりする。 第5時　4位数の構成を基に表し方を練習する。4位数の構成を等式で、大小を不等号で表す。 第6時　100を18個集めた数について考える。2300は100をいくつ集めた数かについて考える。 　　　　数の構成に基づき、800+700の計算をする。 第7時　数直線の1目盛りの大きさや、目盛の数を読んだり、数直線上に表したりする。 第8時　図の1円玉を工夫して数え、千を10個集めた数を「一万」といい、「10000」と書く。 第9時　数直線の目盛りを読んだり、数を数直線上に書いたりする。 　　　　数直線上の10000付近を読む。 第10時　3800を多様な見方で言葉や式に表す。いろいろな数を唱える。 第11時　仕上げに取り組む。

主な学習活動は簡潔に記入する。本時がどの時間か分かるようにする。

2　本時の学習指導（全11時間中の第1時間）

(1) 研究課題

○児童の思考過程を考えて学習活動を工夫する。

研究授業を、どのような観点で見ていただきたいのか、簡潔に書く。

(2) 目標

　大きい数の数え方ををまとまりを意識して考えることができる。

(3) 学習指導のポイント

○十進位取り記数法の良さ。

工夫した点や改善点を箇条書きで簡潔に書く。

○操作活動。

(4) 参観・研究のポイント

○児童の操作活動。

参観のポイントを記述する。

○交流活動。

(5) 展開

時間	○学習内容・学習活動	指導上の留意事項・配慮事項	学習活動に即した具体的な評価規準（評価方法）
導入 5分	○単元名を書く。 「1000より大きい数をしらべよう」 ○1000ということばを聞いたことがありますか。	「過程」「指導形態」「教材教具」等。	
展開 35分	**めあて　大きい数の数え方を考えよう** ○学習課題の設定。 ○数える方法の探求。 ・たくさんの1円玉の拡大図から数える方法を各自考える。 ・数え方を発表し、交流する。 ・児童の考えをもとに皆で数える。 ・1000、100、10、1のまとまりで数える。 ○大きな数の数え方、書き方、読み方の習熟。 ・大きな数を数え、位取り板にカードを置く。 ・算用数字、漢数字で書き、唱える。	・まとまりを○で囲むようにすると便利なことに気づくようにする。 ・色チョークで囲むなどして分かりやすく説明できるようにする。	イ　十進位取り記数法を活用して考えている。（ノート） ア　4位数の読み方、書き方を理解している。（発表・ノート）
まとめ 5分	○学習課題の解決。（まとめ） ・分かったことをまとめる。		

(6) 板書計画

位取り版

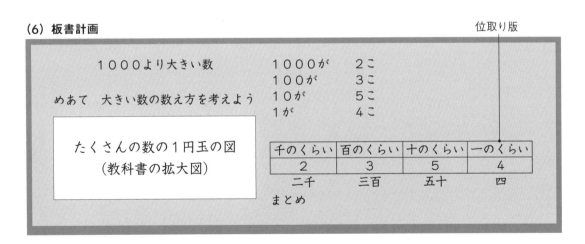

```
　　　　1000より大きい数　　　　1000が　　2こ
　　　　　　　　　　　　　　　　100が　　　3こ
　めあて　大きい数の数え方を考えよう　　10が　　　5こ
　　　　　　　　　　　　　　　　1が　　　　4こ
　┌─────────────────┐
　│　　たくさんの数の1円玉の図　　│
　│　　　（教科書の拡大図）　　　│
　└─────────────────┘
```

千のくらい	百のくらい	十のくらい	一のくらい
2	3	5	4
二千	三百	五十	四

まとめ

3　考察 ── 授業の振り返りを書く。
研究協議会の内容や、指導者からの助言をまとめ今後に生かす。

学習指導案⑩　中学校・社会

〔2ページに収める〕

中学校 第2学年 社会科 学習指導案（本時案・略案）

〔最小限度の項目のみ2行程度で記入〕

第2学年○組　○○年○月○日（○）第○校時（2年○組教室）
指導教官：○○○○　印　　授業者　：実習生　○○○○　印

1　単元の概要

〔教科によっては題材名〕

単元名・教材名		開国と近代日本の歩み　欧米の進出と日本の開国
	目　標	○アジア諸国の動きを基に、欧米諸国が市民革命や産業革命を通した近代化により進出したことを理解する。アヘン戦争後に幕府が対外政策を転換して開国したこと、その政治的および社会的な影響により人々の生活の変化を理解する。 ○アジア諸国の動き、明治維新について、近代の社会の変化の様子を多面的・多角的に考察し、表現する。 ○アジア諸国の動き、明治維新について、そこで見られる課題を主体的に追究、解決しようとする態度を身に付ける。
評価規準	知識・技能【ア】	○欧米諸国のアジア進出による中国やインド等の動き、日本の開国と貿易の開始による政治的、経済的な影響を理解している。 ○諸資料から歴史に関する様々な情報を効果的に調べまとめている。
	思考・判断・表現【イ】	○工業化の進展と政治や社会の変化に着目して、欧米諸国の市場や原料供給地を求めたアジアへの進出が、日本の政治や社会に与えた影響を考察するなど、関連付けを図って近代の社会の変化の様子を多面的・多角的に考察し、表現している。
	主体的に学習に取り組む態度【ウ】	○欧米における近代社会の成立とアジア諸国の動きについて、よりよい社会の実現を視野にそこで見られる課題を主体的に追究しようとしている。
単元指導計画	〈全4時間〉 第1時　欧米諸国のアジア侵略に対する中国やインドの対応について理解する。（本時） 第2時　開国した江戸幕府が、欧米諸国と結んだ外交関係について理解する。 第3時　開国後の日本の政治や経済について理解する。 第4時　大政奉還から江戸幕府の滅亡までの動きについて理解する。	

〔『「指導と評価の一体化」のための学習評価に関する参考資料』（国立教育政策研究所）を参考にする〕

〔主な学習内容を簡潔に記入　本時がどの時間であるかも忘れずに〕

2　本時の学習指導について

〔1時間で評価できる観点は1つか2つ〕

(1) 目標

①イギリス等の欧米諸国が、工業製品の市場や原料の供給地を求めてアジアへ進出した過程を理解する。【ア】

②欧米諸国のアジア進出とそれに対するアジア諸国の動きを考察し、表現する。【イ】

(2) 学習指導のポイント

①授業開始時に目標を明示し、まとめ時に目標が達成できたかどうかを生徒自身が判断して、自己評価できるように進める。

②欧米諸国のアジア進出の理由、アジア諸国の対応と変化について、諸資料を基に考察する力を育成するため、個人で文章にまとめる時間、グループで話し合う時間を確保する。

③イギリスが中国、インド侵略に成功した理由をアジアの人々の抵抗や反発と関連させ、多面的・多角的に説明できるようにさせる。

④ICTを活用してグラフや絵などを適時に提示し、生徒が思考する時間を確保する。1人1台のタブレットパソコンを活用し、個人のまとめや話し合いの活性化を図る。

⑤グループで話し合う際は意見交換を促すため、4人組で行う。

生徒が主体となる表記で

この例は「○」と「・」を使い分けている

評価方法は（ ）に記入するという意味

（3）展開（全4時間中の第1時間）

		○学習内容・学習活動	指導上の留意事項・配慮事項	学習活動に即した具体的な評価規準（評価方法）
導入5分		・アヘン戦争の海戦の絵を見て、どちらの船がイギリスでどちらが清かを考える。	・船の特徴に気づかせる。	
		イギリスを中心とする欧米諸国はどのようにしてアジアを侵略したのか説明しよう。考えよう。		
展開40分		○欧米とアジアの力関係を理解する。 ・教科書のグラフ「アジアとイギリスの綿織物の輸出額」を見て気づいたことをノートに書き出す。 ・読み取れる内容をまとめるために4人組の班で話し合う。 ・班のまとめを1～2班の代表から聞き、追加意見を述べる。 ○アヘン戦争について理解する。 ・戦争がなぜ起こったのか、教師の説明を聞く。 ・三角貿易がイギリスに利益をもたらした理由を班で考える。 ・班のまとめを1～2班の代表から聞き、追加意見を述べる。 ○アヘン戦争の結果を理解する。 ・戦争の結果結ばれた不平等条約の内容を教師の説明で聞く。 ○インドの反乱等の概要を理解する。 ・イギリスがインド支配の方法でどのような工夫をしたか資料から考えてノートにまとめる。	・まずは一人で書けることをいくつでも書くように指示する。 ・毎時間行っている班活動である。 ・教員が司会をして補足質問で全員の理解を深める。 ・三角貿易の絵からイギリスの策略を読み取り、班内で互いに説明できるまで時間を確保する。 ・教員が司会をして補足質問で全員の理解を深める。 ・不平等条約が今後の学習で重要になることを伝え、内容を確実に整理させる。 ・清の学習を土台にした発展的な学習である。個人作業にして歴史的な見方の定着を観察する材料とする。 ・資料を配付し、資料から読み取ることができるように時間を与える。	【イ】（ノート） 産業革命後によるイギリスの生産力向上がグラフ上に現れていることに着目してまとめている。 評価規準を具体的に書く 【ア】（ノート） 工業製品の市場と領土という用語を使って書いている。 【ア】（ノート） 領土拡大に触れて書いている。
まとめ5分		・日本が欧米諸国と不平等条約を締結することを聞く。	・本時の課題が理解できていることを確認し、日本に危機が迫ることを伝えて、次回の授業につなげる。	1時間が終わった時の黒板の状態を明らかにする

（4）板書計画

本時の目標 イギリスを中心とする欧米諸国はどのようにしてアジアを侵略したのか説明しよう。

1 欧米とアジアの力関係

　アジアとイギリスの綿織物の輸出額のグラフから分かること

・綿織物の輸出国　インド→イギリス

・イギリスでは産業革命

・売買は銀貨による

南京条約 1842年 ⇒ 不平等条約

　①関税自主権を失う

　②治外法権（領事裁判権）を認める

　　※最恵国待遇の承認

2 アヘン戦争　1840年

・インドから清にアヘンが輸出される三角貿易

・清の国内で起こった問題→アヘン中毒

・イギリス商船のアヘンを没収

　　イギリス←戦争→清

3 インドの反乱（各自でまとめよう）

・

まとめ 産業革命後の欧米諸国はアジアに製品の市場と領土を求めて侵略を始める。

特別支援学校・特別支援学級等に係る学習指導案

1　学習指導案とその役割

　特別支援学校には、小・中・高等学校とは異なる教育課程編成上の特色があります。第一に、児童生徒が自立を目指し、障害による学習上または生活上の困難を主体的に改善・克服するための指導領域である「自立活動」が置かれている点です。次に、知的障害のある児童生徒に対する教育を行う特別支援学校には、小・中学校等と目標・内容等が異なる各教科があり、また、児童生徒の実態に応じて、各教科、道徳科、特別活動および自立活動の全部または一部について、合わせて指導を行うことができる点です。なお、複数の障害がある児童もしくは生徒（重度・重複障害児）を教育する場合も、特に必要がある場合には全部または一部について合わせた指導ができることとなっています。（学校教育法施行規則第130条）

　整理すると次のようになります。

区　分	領　域	各教科等の内容
小学部 （視・聴・肢・病）	各教科、道徳科、外国語活動、総合的な学習の時間、特別活動、自立活動	国語、社会、数学、理科、生活[※]、音楽、図画工作、家庭、体育、外国語 ※生活：具体的な活動や体験を通してその内容を指導する
小学部 （知）	各教科、道徳科、特別活動、自立活動 ※必要に応じて外国語活動を設定 ※領域・教科を合わせた指導（日常生活の指導、遊びの指導、生活単元学習等）	生活[※]、国語、算数、音楽、図画工作、体育 ※生活：生活活動や生活体験そのものが重要で、生活そのものを指導する
中学部 （視・聴・肢・病）	各教科、道徳科、総合的な学習の時間、特別活動、自立活動	国語、社会、数学、理科、音楽、美術、保健体育、技術・家庭、外国語
中学部 （知）	各教科、道徳科、総合的な学習の時間、特別活動、自立活動 ※領域・教科を合わせた指導（生活単元学習、作業学習等）	国語、社会、数学、理科、音楽、美術、保健体育、職業・家庭 ※必要に応じて外国語科を設定
高等部 （視・聴・肢・病）	各教科に属する科目 総合的な探究の時間、特別活動、自立活動	学校教育法施行規則別表第三及び別表第五に定める各教科
高等部 （知）	各教科、道徳科、総合的な探究の時間、特別活動、自立活動 ※領域・教科を合わせた指導（作業学習等）	**共通教科**：国語、社会、数学、理科、音楽、美術、保健体育、職業・家庭、外国語、情報 **専門教科**：家政、農業、工業、流通・サービス、福祉 学校設定教科 ※外国語及び情報は、必要に応じて設定できる

　次に小学校、中学校に設置されている「特別支援学級」と「通級による指導」においては、特に必要がある場合は、特別の教育課程によることができます。（学校教育法施行規則第138条、第140条）

■特別支援学級における特別の教育課程

　特別支援学級において実施する特別の教育課程は、個々の児童生徒の障害の状態等に応じた指導内容や指導方法を工夫し、特別支援学校学習指導要領に示す自立活動を取り入れること、あるいは、各

教科を知的障害者である児童生徒に対する教育を行う特別支援学校の各教科に替えたりするなど実態に即した教育課程を編成することが求められています。

（小学校学習指導要領（平成29年告示）「第1章 総則」「第4 児童の発達支援」2より）

■通級による指導における特別の教育課程

　障害のある児童生徒に対して、通級による指導を行う場合には、特別支援学校学習指導要領に示す自立活動の内容を参考とし、具体的な目標や内容を定め、指導を行うものとします。その際、効果的な指導が行われるよう、各教科等と通級による指導との関連を図り、教師間の連携に努めます。

（小学校学習指導要領（平成29年告示）「第1章 総則」「第4 児童の発達支援」2より）

　「特別支援学校」および小・中学校の「特別支援学級」「通級による指導」における教育課程は、次のように整理できます。

> ① 小学校・中学校の各教科、各学年の目標・内容等に準じて編成・実施する教育課程
> ② 小学校・中学校の各教科、各学年の目標および内容を当該学年（学部）よりも下学年（学部）のものに替えて編成・実施する教育課程
> ③ 小学校・中学校の各教科または各教科の目標および内容をに関する事項の一部を特別支援学校（知的障害）の各教科または各教科の目標および内容の一部によって、替えて編成・実施する教育課程
> ④ 各教科、道徳科、外国語活動若しくは特別活動の目標および内容に関する事項の一部または各教科、外国語活動若しくは総合的な学習の時間に替えて、自立活動を主として編成・実施する教育課程
> ⑤ 家庭、施設または病院等を訪問して教育する場合の教育課程（訪問教育）
> 　訪問教育は教育形態の一つであり、教育課程としては①～④を含んでいる。

（独立行政法人国立特別支援教育総合研究所2015より）

■「個別の教育支援計画」と「個別の指導計画」について

　特別支援学校に在籍するすべての幼児児童生徒、小・中学校特別支援学級に在籍する児童生徒や通級による指導を受ける児童生徒に対して、一人一人の実態を的確に把握し、「個別の教育支援計画」「個別の指導計画」を作成し、効果的に活用しなければなりません。

■「教科書」について

　特別支援学校および特別支援学級で使用する教科書は、小中学校等と同じ検定教科書のほか、児童生徒の障害の状態に合わせた著作教科書あるいは、検定済み教科書で学習が難しい場合は、児童生徒に合った一般図書などを使用することができます。

　①教科用図書の種類
　　ア　文部科学省検定済教科書（学校教育法第34条第1項）
　　イ　文部科学省著作教科書（同上）
　　　　特別支援学校視覚障害者用（小・中学部国語等点字教科書）、特別支援学校聴覚障害用（小学部国語・音楽、中学部は言語指導のみ）、特別支援学校知的障害者用（小・中学部国語、音楽等）
　　ウ　附則第9条（教科用図書）
　　　　一般図書（絵本等）、下学年使用の検定済教科書、検定済教科書の拡大教科書等

学習指導案等作成に係る教育情報

　国、都道府県立教育機関ならびに政令指定都市立教育研究機関等では、学習指導案を含むさまざまな教育情報を公開しています。各教育機関のホームページで確認してください。教育機関によっては、学習指導案等の一部を非公開にしているケースもあります。下記以外にも市立教育機関、郡町立教育機関等のホームページも参考になります。

国／都道府県／政令指定都市		ホームページアドレス
国立教育政策研究所教育課程研究センター		https://www.nier.go.jp/
独立行政法人国立特別支援教育総合研究所		https://www.nise.go.jp/
北海道	北海道立教育研究所	http://www.doken.hokkaido-c.ed.jp/
	札幌市教育センター	https://www.city.sapporo.jp/kyoiku/sodan/kyoikucenter.html
青森県	青森県総合学校教育センター	http://www.edu-c.pref.aomori.jp/
岩手県	岩手県総合教育センター	http://www1.iwate-ed.jp/
宮城県	宮城県総合教育センター	https://www.pref.miyagi.jp/site/sokyos/
	仙台市教育センター	https://www.sendai-c.ed.jp/
秋田県	秋田県総合教育センター	https://www.akita-c.ed.jp/
山形県	山形県教育センター	https://www.yamagata-c.ed.jp/
福島県	福島県教育センター	https://center.fcs.ed.jp/
茨城県	茨城県教育研修センター	https://www.center.ibk.ed.jp/
栃木県	栃木県総合教育センター	http://www.tochigi-edu.ed.jp/center/
群馬県	群馬県総合教育センター	https://center.gsn.ed.jp/
埼玉県	埼玉県立総合教育センター	https://www.center.spec.ed.jp/
	さいたま市立教育研究所	https://www.saitama-city.ed.jp/
千葉県	千葉県総合教育センター	https://www.ice.or.jp/nc/
	千葉市教育センター	https://www.city.chiba.jp/kyoiku/gakkokyoiku/kyoiku/
東京都	東京都教職員研修センター	https://www.kyoiku-kensyu.metro.tokyo.lg.jp/
神奈川県	神奈川県立総合教育センター	https://www.pen-kanagawa.ed.jp/edu-ctr/
	横浜市教育センター	https://www.edu.city.yokohama.jp/tr/ky/k-center/index.htm
	川崎市総合教育センター	https://kawasaki-edu.jp/
	相模原市立総合学習センター	http://www.sagamihara-kng.ed.jp/
新潟県	新潟県立教育センター	https://www.nipec.nein.ed.jp/
	新潟市立総合教育センター	http://www.netin.niigata.niigata.jp/
富山県	富山県総合教育センター	http://center.tym.ed.jp/
石川県	石川県教員総合研修センター	https://cms1.ishikawa-c.ed.jp/center/
福井県	福井県教育総合研究所	https://www.fukui-c.ed.jp/~fec/
山梨県	山梨県総合教育センター	http://www.ypec.ed.jp/htdocs/
長野県	長野県総合教育センター	https://www.edu-ctr.pref.nagano.lg.jp/

岐阜県	岐阜県総合教育センター	https://www.gifu-net.ed.jp/ggec/
静岡県	静岡県総合教育センター	https://www.center.shizuoka-c.ed.jp/
	静岡市教育センター	https://www.center.shizuoka.ednet.jp/
	浜松市教育センター	https://www.city.hamamatsu-szo.ed.jp/hamakyo-c/
愛知県	愛知県総合教育センター	https://apec.aichi-c.ed.jp/cms/
	名古屋市教育センター	https://www.nagoya-c.ed.jp/
三重県	三重県総合教育センター	https://www.mpec.jp/
滋賀県	滋賀県総合教育センター	https://www.shiga-ec.ed.jp/
京都府	京都府総合教育センター	https://www.kyoto-be.ne.jp/ed-center/
	京都市総合教育センター	https://skc-cms.edu.city.kyoto.jp/sogokyoiku/
大阪府	大阪府教育センター	https://www.osaka-c.ed.jp/
	大阪市教育センター	http://swa.city-osaka.ed.jp/
	堺市教育センター	http://www.sakai.ed.jp/
兵庫県	兵庫県立教育研修所	https://www.hyogo-c.ed.jp/~kenshu/
	神戸市総合教育センター	https://www.kobe-c.ed.jp/kec/
奈良県	奈良県立教育研究所	http://www.e-net.nara.jp/kenkyo/
和歌山県	和歌山県教育センター　学びの丘	http://www.manabi.wakayama-c.ed.jp/
鳥取県	鳥取県教育センター	https://www.pref.tottori.lg.jp/kyoikucenter/
島根県	島根県教育センター	https://www.pref.shimane.lg.jp/matsue_ec/
岡山県	岡山県総合教育センター	https://www.pref.okayama.jp/soshiki/215/
	岡山市教育研究研修センター	https://www.city.okayama.jp/shisei/0000009337.html
広島県	広島県立教育センター	https://www.hiroshima-c.ed.jp/
	広島市教育センター	http://www.center.edu.city.hiroshima.jp/
山口県	やまぐち総合教育支援センター	https://www.ysn21.jp/
徳島県	徳島県立総合教育センター	https://www.tokushima-ec.ed.jp/
香川県	香川県教育センター	https://www.kagawa-edu.jp/educ01/
愛媛県	愛媛県総合教育センター	https://center.esnet.ed.jp/
高知県	高知県教育センター	https://www.pref.kochi.lg.jp/soshiki/310308/
福岡県	福岡県教育センター	http://www.educ.pref.fukuoka.jp/
	北九州市立教育センター	https://www.kita9.ed.jp/eductr/
	福岡市教育センター	http://www.fuku-c.ed.jp/center/
佐賀県	佐賀県教育センター	https://www.saga-ed.jp/
長崎県	長崎県教育センター	https://www.edu-c.news.ed.jp/
熊本県	熊本県立教育センター	https://www.higo.ed.jp/center/
	熊本市教育センター	http://www.kumamoto-kmm.ed.jp/
大分県	大分県教育センター	https://www.pref.oita.jp/soshiki/31401/
宮崎県	宮崎県教育研修センター	https://mkkc.miyazaki-c.ed.jp/
鹿児島県	鹿児島県総合教育センター	http://www.edu.pref.kagoshima.jp/
沖縄県	沖縄県立総合教育センター	http://www.edu-c.open.ed.jp/

新版執筆者 （肩書きは2023年3月現在）

【編集統括】
冨樫　伸（明星大学教育学部教授・副学長・教職センター長）

【編集代表】
神田正美（明星大学教育学部客員教授）
樋口豊隆（明星大学教育学部特任教授）
中澤正人（明星大学教育学部特任教授）

【執　筆】
樋口豊隆（明星大学教育学部特任教授）　　　　　PART2・PART5
中澤正人（明星大学教育学部特任教授）　　　　　PART2・PART4・PART5
由井良昌（明星大学理工学部特任教授）　　　　　PART2・PART5
相原雄三（明星大学教育学部特任教授）　　　　　PART5
坂　光司（明星大学教育学部特任教授）　　　　　PART5
加藤洋一（明星大学教育学部特任教授）　　　　　PART5
神田正美（明星大学教育学部客員教授）　　　　　PART2・PART5

【編集制作】
佐藤明彦（株式会社コンテクスト代表取締役）

初版執筆者 （肩書きは2019年3月当時のもの）

【編集統括】
篠山浩文（明星大学教育学部教授・学長補佐・教職センター長）

【編集代表】
樋口　忍（明星大学教育学部客員教授）本書企画立案・全体監修・取りまとめ
山田和広（明星大学教職センター事務室課長補佐）編集調整

【執　筆】
青木秀司（明星大学教育学部客員教授）　　　　　PART4・PART5
安達眞一（明星大学教育学部客員教授）　　　　　PART4・PART5
深井　薫（明星大学教育学部特任教授）　　　　　PART3・PART5
倉田朋保（明星大学教育学部特任教授）　　　　　PART1・PART5
神田正美（明星大学理工学部特任教授）　　　　　PART2・PART5
山田和広（明星大学教職センター事務室課長補佐）　PART2

新版　単元指導計画&学習指導案で学ぶ
教育実習のよりよい授業づくり

2019 年 4 月 20 日　初版第 1 刷発行
2023 年 3 月 31 日　新版第 1 刷発行
2024 年 3 月 31 日　新版第 2 刷発行

編　　　者　明星大学教職センター
発 行 人　鈴木　宣昭
発 行 所　学事出版株式会社
　　　　　　〒 101-0051
　　　　　　東京都千代田区神田神保町 1-2-5
　　　　　　電話　03-3518-9655
　　　　　　HPアドレス https://www.gakuji.co.jp
編集協力　株式会社コンテクスト
印刷・製本　精文堂印刷株式会社

© 明星大学教職センター，2023